Hans-Michael Uhl

Evangelische Impulse

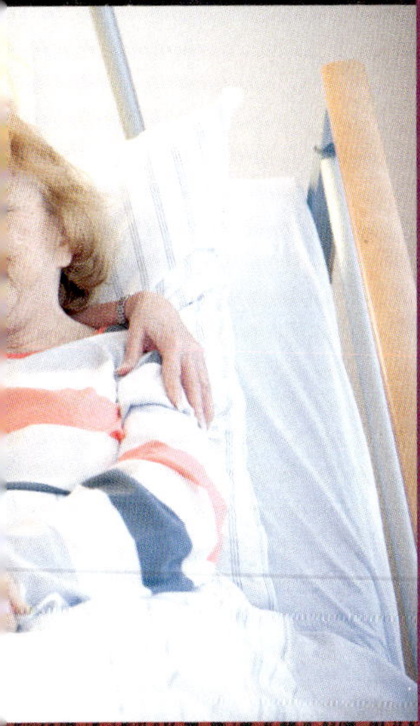

Hans-Michael Uhl

Evangelische Impulse

Glauben mit Bodenhaftung

Bildnachweis:
S. 8 f.: © Panoramastudio Ltd
S. 24 f.: © M. Wiese
S. 40 f.: © Ulrike Hilger
S. 50 f.: © Diakonie Bildarchiv
S. 74 f.: © Helmut Krebs
S. 88 f.: © Panoramastudio Ltd

www.kreuz-verlag.de

Umschlaggestaltung: Bergmoser +Höller GmbH, Aachen
Umschlagfoto: © istockfoto
Autorenfoto: © privat

Layout und Satz: Arnold & Domnick, Leipzig
Herstellung: fgb · freiburger graphische betriebe
www.fgb.de

Gedruckt auf umweltfreundlichem, chlorfrei gebleichtem Papier
Printed in Germany

ISBN 978-37831-3473-5

Inhalt

Vorwort 6

1 **Glauben alltäglich leben**
Katharina von Bora, Wittenberg und
das evangelische Pfarrhaus 8

2 **Spielend predigen und singend verkünden**
Johann Sebastian Bach, Leipzig und
die evangelische Kirchenmusik 24

3 **Mit Mut und Respekt bis ans Ende der Welt**
Nikolaus von Zinzendorf, Herrnhut und
die evangelische Mission 40

4 **Beten und zupacken, lehren und heilen**
Amalie Sieveking, Hamburg und die Diakonie 56

5 **Kirche ohne Angst vor der Welt**
Eberhard Müller, Bad Boll und die Evangelische Akademie . 74

6 **Verkündigung am Puls der Zeit**
Friedrich Schleiermacher, Berlin und
die evangelische Theologie 90

Nachwort 105

Vorwort

Unsere Gesellschaft wäre um Vieles ärmer ohne evangelische Impulse, die von der Reformation ausgehend bis auf den heutigen Tag spürbar und erkennbar sind. Das vorliegende Buch möchte einige dieser Anstöße, die der evangelischen Tradition entspringen, aufzeigen, und es sollen Menschen und Orte genannt werden, von denen Erneuerung ausging. Das ist heute, da gerne und oft sicher auch zu Recht die Negativseiten der Kirche und ihrer Geschichte zur Sprache gebracht werden, ein überaus wichtiges Unterfangen. Allzuleicht könnten die, die zum Glück immer noch und mit großem Einsatz kirchliches Leben gestalten, oder die anderen, die sich dem christlichen Glauben suchend nähern, den Eindruck gewinnen, da sei kaum etwas der Rede wert, was die Kirche in ihrer Geschichte hervorgebracht hat. Doch dieser Eindruck täuscht: Die Geschichte der Kirche ist voller guter Beispiele dafür, wie das Evangelium von Jesus Christus Menschen dazu bewegt, sich den Herausforderungen und Aufgaben ihrer Zeit zu stellen, und wie es ihnen gelingt, Glauben lebendig und menschenfreundlich zu gestalten und das anzustoßen, was bis heute Gültigkeit hat.

Dabei sind Pfarrhaus und Kirchenmusik, Mission und Diakonie, Akademie und Theologie nur einige der vielfältigen Themen und Impulse aus der protestantischen Tradition. Aber es geht in diesem Buch auch nicht darum, möglichst viele Beispiele zu benennen. Vielleicht vermissen Sie als Leserin oder Leser auch Themen, Persönlichkeiten oder Orte, die Ihnen selbst sehr wichtig wären. Aber das Ziel des Buches ist auch dann erreicht, wenn Ihnen beim Lesen und im Nachdenken über die positiven Impulse der evangelischen Tradition ganz andere Namen und Stichworte einfallen. Vielleicht können die „Evangelischen Impulse" auch dazu dienen, dass Leserinnen und Leser anderer Konfession ihre eigene Tradition nach entsprechenden Impulsen und Weichenstellungen in ihrer Kirche und der Gesellschaft befragen. In diesem Sinne wäre das Buch dann ein eine gute Grundlage für den ökumenischen Dialog.

Sicher werden Sie bei der Lektüre sehr schnell die Struktur des Buches erkennen: Zu jedem der fünf Jahrhunderte evangelischer Tradition gibt es ein Kapitel, in dem ein Thema, eine Person und ein Ort evangelischer Prägung dargestellt wird. Das letzte Kapitel führt in der gebotenen Kürze in die evangelische Theologie im Schnittpunkt von Kirche und Gesellschaft ein.

Der Bezug zur Reformation, der in jedem Kapitel hergestellt wird, ist für mich unvermeidlich. Die Reformation ist ein tiefer Einschnitt, der in alle Bereiche kirchlichen Lebens Auswirkungen hatte und zu dem alle evangelischen Impulse immer wieder in Beziehung zu setzen sind. Ebenso ist es aber auch unumgänglich, das Besondere der jeweiligen Kapitel im Kontext biblischer und historischer Traditionen darzustellen. Nur wenn ich erkenne, inwiefern sich das Lebenswerk eines Menschen vom historischen Hintergrund abhebt, wird seine Leistung erkennbar und nachvollziehbar. So werden vielleicht manche beim Lesen enttäuscht sein, weil sie mehr an biografischen Details über die Protagonisten der Kapitel erwartet hätten. Viele aber, so hoffe ich, werden ihre Freude daran haben, Zusammenhänge und Entwicklungen zu erkennen sowie historische und aktuelle Fragestellungen verknüpft zu finden.

Dieses Buch ist keine wissenschaftliche Darstellung. Zitate dienen weniger als Beleg für sachliche Richtigkeit als vielmehr der Lebendigkeit und Anschaulichkeit des Textes. Dennoch beansprucht er selbstverständlich, nicht nur allgemein verständlich, sondern auch sachlich korrekt zu sein.

Herzlichen Dank an dieser Stelle dem Kreuz-Verlag, der den „Evangelischen Impulsen“ in seinem Programm Raum gibt; Herrn Rolf Hartmann, der als Lektor ermutigend und steuernd die Entstehung des Buches begleitete; Pfarrerin Regine Kuntz-Veit für die Wegbereitung des Themas in der Zeitschrift „Frau und Mutter/Lebensspuren“ sowie Matthias Veit für Geduld und Sorgfalt beim Erstellen der Bilder. Besonderer Dank gilt aber meiner Frau und meinen Kindern für sehr viel Rücksicht und Geduld, damit dieses Buch entstehen konnte.

Ich hoffe, dass von dem programmatischen Titel des Buches tatsächlich auch Impulse ausgehen, die „lichten Momente“ der kirchlichen, in diesem Fall besonders der evangelischen Tradition zu erkennen, damit Sie, liebe Leserin, lieber Leser, auch Vergewisserung und Ermutigung erfahren.

Hans-Michael Uhl

Glauben alltäglich leben

Katharina von Bora, Wittenberg und das evangelische Pfarrhaus

1 Ein provozierender Schritt

Als Martin Luther 1525 Katharina von Bora heiratete, musste beiden klar gewesen sein, dass ihre Ehe und Hausgemeinschaft unter strengster Beobachtung durch eine breite Öffentlichkeit stehen würden. Sicher war den beiden aber nicht bewusst, dass sie durch den Hausstand, den sie begründeten, zum Vorbild für eine Institution würden, die das Gesicht und das Ansehen des Protestantismus wesentlich prägen sollte: das evangelische Pfarrhaus.

Katharina von Bora kam 1523 nach Wittenberg, wo Martin Luther lebte und lehrte. Er war alltäglich mit Menschen konfrontiert, die seinen Ruf zur Erneuerung der Kirche gehört hatten und seine Visionen teilten. In der Konsequenz wurden sie aber durch die Hinwendung zur Reformation oft heimat- und mittellos, weil sie aus den alten Strukturen ausbrachen und sich der Reformation anschlossen.

Auch Katharina von Bora hatte in ihrem Kloster Luthers Schriften gelesen oder zumindest von ihnen gehört und ihn daraufhin gebeten, er möge ihr zusammen mit elf anderen Ordensschwestern zur Flucht verhelfen. In dem Ratsherrn Leonard Koppe aus Torgau fand Luther einen Fluchthelfer und holte Katharina zusammen mit ihren Ordensschwestern unter Gefahr für Leib und Leben aus dem Kloster. Koppe brachte die jungen Frauen über Torgau nach Wittenberg. Nach Hause konnten die meisten von ihnen nicht einfach gehen, weil ihnen überall dort, wo die Reformation keinen Einzug gehalten hatte, wegen Rebellion und Brechen der Gelübde noch immer die Todesstrafe drohte. Aber wo wäre zum Beispiel Katharina auch zuhause und willkommen gewesen? Schon mit fünf Jahren war sie bei den Benediktinerinnen in Breda und mit neun Jahren im Kloster der Zisterzienserinnen in Nimbschen untergebracht worden, damit sie versorgt wäre. Sie stammte zwar aus adliger Familie, war aber Halbwaise und ihre Familie war verarmt.

So kam Katharina auf abenteuerlichem Wege nach Wittenberg, in Luthers Nähe und wurde zeitweise im Hause des Malers Lucas Cranach und anderer Freunde Luthers untergebracht. Als Ordensschwester brachte sie allerhand an Bildung und Wissen mit, hatte aber nie „draußen“ vor den Klostermauern in bürgerlicher Gesellschaft gelebt. Kleidung und Umgangsformen, der Umgang mit Männern, das Zusammenleben in der Familie, das Wirtschaften und Organisieren eines Haushalts – all das musste ihr fremd sein. Trotzdem sollte Katharina, wie die anderen geflohenen Nonnen auch, alsbald verheiratet werden, um sie in „geordnete Verhältnisse" zu bringen.

Katharina war jedoch nicht so einfach „unter die Haube" zu bringen. Caspar Glatz, Pfarrer zu Orlamünde, den wollte sie nicht. Einer Verlobung mit Hieronymus Baumgärtner, einem Theologiestudenten aus Nürnberg, hätte sie zugestimmt, aber die Verbindung kam nicht zustande, so heißt es, wegen der fehlenden Mitgift und dem Widerstand des zukünftigen Schwiegervaters. Der reiche Patrizier wünschte keine mittellose, entlaufene Nonne als Schwiegertochter und rief seinen Sohn nach Hause. Ein anderer Bewerber, dessen Namen wir nicht kennen, wurde wiederum von Katharina abgelehnt und Luther war besorgt, was ihre Zukunft betraf. Konnte sie sich das überhaupt leisten, so wählerisch zu sein? Musste sie nicht froh sein, wenn sich überhaupt jemanden finden ließe, der sie versorgte?

Die Lutherin

Bevor ihr ein weiterer Kandidat präsentiert werden konnte, ergriff Katharina selbst die Initiative. Der Anstoß zur Heirat mit Martin Luther ging, so weit wir wissen, überraschender Weise von ihr aus. Luther hatte eine Verehelichung noch kurz zuvor weit von sich gewiesen. Deshalb ließ sie ihn durch seinen Kollegen Nikolaus von Amsdorf „aufs allerunbefangenste" wissen, dass sie ihn, Luther, nehmen würde. Falls er sich, entgegen aller Beteuerungen, zur Heirat entschließen würde, wäre sie nicht dagegen, seine Gemahlin zu werden. Katharinas Antrag stimmte Luther um. Er zögerte nicht lange, den großen Schritt zu wagen und selbst ebenfalls das zu tun, was er doch immer wieder anderen empfohlen hatte: zu heiraten. Er, der so lange Mönch gewesen war, nahm die entlaufene Nonne zur Frau, und ihre Ehe sollten sie unter dem Dach eines Hauses führen, das über Jahrhunderte Kloster gewesen war. Das musste

1525, als die Sache der Reformation auf Messers Schneide stand, und der Bauernkrieg Tod und Elend ins Land brachte, von Vielen als Provokation empfunden worden sein.

Selbst Philipp Melanchthon (1497–1560), Luthers Freund und Vertrauter ereiferte sich darüber. Er sah den „edlen, arglosen" Luther als Opfer der „Liebeskünste einer Hübschlerin" und konnte nicht verstehen, wie man einen so tiefgreifenden Wechsel in so blutigen Zeiten Hals über Kopf vornehmen konnte. Luther, von nicht wenigen als ein neuer Paulus angesehen, ein Prophet und Gottesmann, verlor durch seine Heirat einiges an Ansehen und wurde diffamiert als einer, der „den niedrigsten Lüsten frönte" – und das in einer Zeit, in der sich die Reformation in ihrer entscheidenden Phase befand.

Aber Martin Luther und Katharina von Bora bewiesen durch ihre Ehe nicht nur, dass sie es ernst damit meinten, dass doch ein jeder das Recht, ja die Pflicht habe, der menschlichen Natur zu folgen und als Mann und Frau zu leben. Sie zeigten durch ihre Ehe auch, welcher Segen von zwei Menschen ausgehen kann, die ihre Beziehung in Liebe und Respekt füreinander führen – und das über Jahrzehnte.

Wie bereits erwähnt, waren Katharinas Voraussetzungen, ihre neue Rolle als Ehefrau und Mutter auszufüllen, denkbar ungünstig. Sie war sicherlich nicht darauf vorbereitet, die Frau an Martin Luthers Seite zu sein, mit ihm Tisch, Bett, Ansehen und Anfechtung zu teilen. Sie war wohl durch ihre Jahre im Kloster gebildeter als andere Frauen in jener Zeit, konnte lesen, schreiben und sicher auch rechnen, außerdem hatte sie gewiss auch viel Praktisches, zum Beispiel auch Heilkundliches, im Konvent der Nonnen gelernt. Aber ihre neue Rolle als Mitstreiterin und Wirtschafterin, als Händlerin und Managerin an Luthers Seite war doch von ganz anderer Art, und wir können nur darüber staunen, wie selbstverständlich sie sehr schnell diesen Platz einnahm und ausfüllte. Dabei muss ihr doch auch zu Ohren gekommen sein, was die Leute über sie und ihren Mann dachten, mit wie viel Missgunst und Häme, Unterstellungen und Angriffen ihre Verbindung gesehen und kommentiert wurde. Und viele warteten ungeduldig und neugierig auf die Geburt ihres ersten Kindes, das nach damals weit verbreitetem Glauben als Spross eines abtrünnigen

Mönches und einer entflohenen Nonne doch unweigerlich teuflische Züge tragen müsste. Wie glücklich muss Katharina gewesen sein, als ihr Erstgeborener gesund und wohlgestaltet das Licht der Welt erblickte!

Praktische Theologie

Luther begründete seinen Schritt in die Ehe damit, dass er „den Lästerern das Maul stopfen wollte" und bereit sei, sich durch seine Entscheidung für Katharina verächtlich und gering zu machen. Sicher wollte er aber auch seinem Vater die ersehnten Nachkommen schenken, da er nach dem Tod seiner Brüder der letzte Namensträger war. Aber in erster Linie war seine Eheschließung ein entscheidender Schritt, theologisches Denken in die Tat umzusetzen. Er wollte ja keine Priester mehr, die anders sein und leben sollten als die anderen Christen, und er wollte auch selbst keinen Priester alten Stils mehr verkörpern. Ein „Priestertum aller Gläubigen" war sein Ziel und deshalb sollte es keine Trennung von Kirche und Welt, von Glauben und Leben und auch keinen Zwang zu Keuschheit und Zölibat mehr geben. Luther wollte eine Kirche mitten in der Welt, einen Glauben in den Geschäften des Alltags, in Haushalt, Werkstatt und Schreibstube. Er fand in Katharina die Richtige, um seine Theorie in die eheliche Praxis umzusetzen und wusste auch, was er an ihr hatte und was sie an seiner Seite leistete. Meine gnädige Hausfrau, mein Liebchen, meine herzliebe Käthe, tiefgelahrte Doktorin, Predigerin, Gärtnerin, Saumärktin und was sie mehr sein kann, meine sorgfältige Frau, meine Richterin, mein Morgenstern zu Wittenberg nannte Luther seine Katharina in seinen Briefen, wenn er auf Reisen war. Manchmal, wenn sie gar zu bestimmend war, sagte er „Herr Käthe" zu ihr und gab ihr noch viele andere Titel, die seinen Respekt für ihre Leistungen zum Ausdruck brachte, aber auch die Liebe, welche die beiden verband.

Es gab freilich auch Momente, in denen er ihre Maßnahmen ungehalten und widerwillig zur Kenntnis nahm. Doch ließ die Versöhnung nie lange auf sich warten. Das Haus der Eheleute Luther wurde durch das beherzte

Handeln und die Umbaumaßnahmen Katharinas zu einem wohnlichen Ort. Sicher war unter dem Dach des "Schwarzen Klosters" kein Paradies auf Erden, weil sehr viele Menschen mit ihren jeweils eigenen Problemen hier lebten und einkehrten. Aber es war offensichtlich ein Zuhause, wo Theologie und Gastfreundschaft, Musik und Krankenpflege, Frömmigkeit und Kindergeschrei gleichermaßen ihren Platz hatten. Genau so hatten sich Martin und Katharina das wohl auch vorgestellt, und sie waren durch ihr eigenes Leben und Erleben klösterlicher Lebensgemeinschaft zumindest darauf vorbereitet, ein großes Haus und die enge Lebensgemeinschaft vieler Menschen zu dulden. Im Tosen und Toben der Reformationsgeschichte konnte ihr Haus keine Insel der Gelehrsamkeit und Ruhe sein. Es sollte vielmehr ein Abbild der Welt sein, das veranschaulicht, wie die neue Lehre zu leben wäre, die Geistliches und Weltliches nicht mehr trennen wollte, sondern Gottes Gegenwart mitten unter den Menschen zeigen sollte. Bibel lesen und Schweine züchten, Predigt schreiben und Kinder erziehen, Choräle dichten und Kranke heilen, alles unter einem Dach. Studenten und Edelleute, Dienstpersonal und Patrizier, alle gehörten zusammen. Und Gottes Wort sollte die Richtschnur sein für alles und alle.

Die Frau fürs Leben

Martin Luther, der sich selbst „des Herrgotts Quecksilber" nannte, hatte in Katharina eine Frau gefunden, die zu rechnen und zu wirtschaften wusste, die auch nicht davor zurückschreckte, die wertvollen Kelche, die sie zur Hochzeit vom Kurfürsten zum Geschenk erhalten hatten, ins Pfandhaus zu tragen, um den Haushalt zu finanzieren, den sie begründet hatten. Unermüdlich war sie, all die zu versorgen, die zur großen Familie gehörten oder auch nur auf Zeit im Hause weilten. Sie machte aus dem früheren Mönchsfriedhof einen Kräutergarten, verwandelte das Erdgeschoss des Hauses in einen Schweinestall, kaufte den naheliegenden Bach und Fischteich, nutzte das Braurecht des Klosters, betrieb Viehzucht und Obstanbau und erwarb schließlich sogar einen Weinberg. Sie scheute keine Arbeit, aber als ehemalige „Siechenmeisterin" ihres Klosters tat sie sich besonders in der Krankenpflege hervor.

Als Luther 1527 schwer erkrankte, wich Katharina nicht von seiner Seite und ließ nichts unversucht, sein Leben zu retten, was ihr auch gelang. Sie kämpfte mit Hingabe und allen ihr zur Verfügung stehenden Mitteln, um das Leben ihrer kleinen Tochter Lenchen und musste sie doch zu Grabe tragen. Als die Pest in Wittenberg wütete, flohen Martin und seine „Käthe", wie er sie gerne nannte, nicht wie die meisten anderen, die es sich irgendwie leisten konnten. Stattdessen wurde das Pfarrhaus zum Hospiz, das Hilfesuchenden Tost und Linderung der Leiden gewährte. Spätestens in diesen schweren Zeiten hatte sich Katharina den Respekt und die Anerkennung ihrer Zeitgenossen verdient. Die „Lutherin" hatte bewiesen, was in ihr steckte, was sie alles leisten konnte und zu welchen Opfern sie bereit war.

Sie blieb die treue Gefährtin an Luthers Seite, auch als er in seinen späteren Jahren griesgrämig, leidend und sicher auch verbittert war über den teilweise sehr unerfreulichen Gang der Reformation sowie das all zu Menschliche, das sich allerorten zeigte. Nach Luthers Tod 1546 führte sie das „Schwarze Kloster" weiter, so lange es die kriegerischen Ereignisse zuließen. Luther hatte ihr das „Pfarrhaus" in seinem Testament, das mehr ein Liebesbrief als ein Vermächtnis war, zum Erbe gemacht. Sie wollte ihr Lebenswerk weiterführen, auch wenn nun keine großen Gelehrten und mächtigen Herren mehr einkehrten. Doch das Schicksal vieler verwitweter Pfarrfrauen späterer Zeiten blieb auch Katharina nicht erspart: Sie musste um ihr Erbe und ihren Lebensunterhalt kämpfen und war zu guter Letzt darauf angewiesen, Bettelbriefe an den König von Danemark zu schreiben, um sich und ihre Kinder über Wasser zu halten. Im Übrigen versuchte man ihr zeitweise sogar das Sorgerecht für ihre Kinder zu entziehen, da einige Zeitgenossen der Meinung waren, dass sie diese nicht hart genug anpackte. Auf der Flucht vor der Pest kam Katharina von Bora 1552 nach Torgau und starb dort an den Folgen eines Unfalls, der sich unterwegs ereignet hatte.

1 Ein Vorbild durch die Jahrhunderte

Das „Schwarze Kloster“, das Pfarrhaus der Luthers, wurde zum Mythos und zum Vorbild. Und das evangelische Pfarrhaus wurde zur gesellschaftlichen Institution, die in idealtypischer Weise christliche Lebenspraxis widerspiegeln sollte. Im Pfarrhaus kann die evangelische Lehre anschaulich und sichtbar werden. Die Gemeinde sollte ein und aus gehen können und die Verbindung von Gotteswort und Glaubenstat erleben – bis heute. So heißt es in der „Empfehlung zum Pfarrhaus“ der Evangelischen Kirche in Deutschland von 2002 unter der Überschrift „Das Pfarrhaus als Symbol“: „Das Pfarrhaus weist hin auf die Bedeutung der Kirche vor Ort und ist auch weiterhin ein Sinnbild für die Präsenz des Christlichen in unserer Gesellschaft. Im Pfarrhaus wohnen Menschen, die bereit sind, mit ihrem Leben, mit Gelingen und Scheitern für ihren Glauben und ihr Getragen-Sein durch Gott einzustehen. Als ein Ort des bekennenden und gelebten Christ-Seins wird das Pfarrhaus zum Kristallisationskern für Hoffnungsbilder“.

In der katholischen Tradition waren es die Klöster, von denen vorbildliches christliches Leben und Wirken erwartet wurde. Dort lebten die, die dazu berufen waren, ihr ganzes Leben unter Gottes Willen zu stellen. Mehr oder weniger abgeschirmt von der Welt – je nach Ordenstradition – sollten Mönche und Nonnen dem Evangelium auf Erden Raum schaffen, so weit Menschen dazu nur in der Lage waren. Diese Erwartung an einen Ort, an dem beispielhaft vorgelebt wird, was Leben unter Gottes Wort bedeutet und bewirkt, ging in evangelischen Kreisen auf das Pfarrhaus über. Eine muntere, große Kinderzahl wurde selbstverständlich erwartet, auch Verwandte und Gäste und Bedienstete konnten zur Hausgemeinschaft gehören, die Verbindung von Glaube und Alltag, von Frömmigkeit und Fürsorge sollte sichtbar werden, und der Pfarrer mit der Pfarrfrau vorleben, was es heißt, einen christlichen Hausstand zu führen und Hausvater und Hausmutter zu sein. Mit dem Pfarrhaus verband sich die Erwartung, dass hier Vernunft und Gebet, Kultur und Begegnung, Dienst und Zuflucht zu finden seien.

Erwartungsdruck

Es ist klar, dass dabei die Familie des Pfarrers als ganze unter einem hohen Erwartungsdruck stand. Die Erwartungen an das Pfarrhaus änderten sich im Laufe der Geschichte und waren sicher in der Stadt oder auf dem Lande auch unterschiedlich, aber sie waren immer groß. In den Zeiten der konfessionellen Glaubenskämpfe sollten die Pfarrhäuser nach den großen Wirren und Zerstörungen der Glaubenskriege Orte des geistigen und moralischen Wiederaufbaus sein. Die lutherische Orthodoxie wollte sie zu Orten gediegener Bildung machen und der Pietismus erwartete Seelsorge und gelebte Frömmigkeit. Die Aufklärung forderte vom Pfarrhaus fortschrittliches, vernünftiges Denken und Wirtschaften sowie Volksbildung in Predigt und Unterricht. Das 19. Jahrhundert schuf ein idyllisches Bild einer harmonischen Stätte von Innerlichkeit, Harmonie und hoher Kultur. In der Zeit des Nationalsozialismus und in der DDR wurden Pfarrhäuser zum Unterschlupf und Rückzugsort des meist stillen inneren Widerstandes gegen das Regime.

So unterschiedlich die Zeiten und Erwartungen an das evangelische Pfarrhaus auch waren, immer bedeuteten diese Erwartungen für die Bewohner auch, dass sie in einer gewissen Einsamkeit und Ausgrenzung aus der Gesellschaft zu leben hatten.

Vor kurzem erst erzählte mir eine befreundete Pfarrerin, ihre zehnjährige Tochter habe sie gefragt: „Warum müssen wir eigentlich alles anders machen, als die anderen Leute?“ Und sie meinte damit, dass ins Pfarrhaus ständig so viel Besuch käme, dass die Pfarrfamilie keinen Fernseher habe und dass sie lieber aufhören würde, Klavier zu spielen. Die Frage der Pfarrerstochter aber verweist auf das, was die Familien der Pfarrer seit der Reformation auszeichnet und belastet: Sie sollen „irgendwie anders“ sein. Oft „residieren“ sie in großen Pfarrhäusern, sind aber materiell nicht adäquat besoldet, um es großbürgerlich zu möblieren. Viele haben mehrere Kinder, unterscheiden sich aber im Bildungsanspruch deutlich von anderen kinderreichen Familien. Es ist selbstverständlich, dass man sehr viele Sozialkontakte pflegt und dennoch sind Freundschaften mit Gemeindegliedern eher selten.

Das Pfarrhaus ist eben kein „normales" Haus, auch deshalb nicht, weil es immer nur auf begrenzte Zeit bewohnt und genutzt werden kann. Wenn der Pfarrer oder die Pfarrerin ihren Dienst in der Gemeinde beendet, bedeutet das immer auch den Verlust von Zuhause und Bindungen. In einer mobilen Gesellschaft scheint das unproblematischer, als es tatsächlich ist, weil das Pfarrhaus in der Zeit, in der es genutzt wird, idealtypisch zum Ort intensiven Lebens und Begegnens gemacht werden soll, wohl wissend, dass die Pfarrfamilie nur vorübergehend bleiben wird. Das Pfarrhaus ist anders, weil es immer ein religiöser Ort war und ist, an den ausdrücklich oder unausgesprochen große Erwartungen gerichtet werden. Das hat seine sehr schönen Momente und seine besondere Gnade. Das bringt aber auch Belastungen und Spannungen mit sich und eben eine gewisse Einsamkeit für die Bewohner, wenn man beispielhaft leben und transparent sein soll für das Göttliche im Alltäglichen.

Menschen im Pfarrhaus

Wie es im Hause Luther Katharina war, die die Voraussetzungen schuf, damit das ehemalige Kloster zum lebendigen Mittelpunkt eines dichten sozialen Netzes wurde, so waren es im traditionellen Pfarrhaus die Pfarrfrauen, von denen man sowohl hauswirtschaftliches Geschick, als auch soziale Kompetenz und diakonisches Engagement erwartete. Nicht vergessen werden darf dabei, dass die Pfarrhäuser bis zum Ende des 19. Jahrhunderts selbstverständlich auf Nebeneinkünfte angewiesen waren, die durch Garten und Landwirtschaft oder anderen Nebenerwerb erzielt werden mussten, um die großen Familien zu ernähren und die gesellschaftlichen Erwartungen an das Pfarrhaus zu erfüllen. Selbstverständlich gingen Gemeinden und Kirchenleitung auch davon aus, dass sich die Pfarrfrauen ins Gemeindeleben einbrachten und ihr Leben an der Seite der Pfarrer als Teil einer gemeinsamen Berufung ins Pfarramt verstanden. Bis in die 1960er Jahre bestand deshalb die Verpflichtung für künftige Pfarrfrauen, eine etwaige eigenständige Berufstätigkeit aufzugeben und sich im „Pfarrbräutekurs" auf ihre Rolle vorzubereiten: Die Pfarrfrau sollte ihre vielseitige Aufgabe erkennen und ausüben, die darin bestand, die wirtschaftlichen Belange des Pfarrhauses zu lenken, Kranken- und Armenpflege zu betreiben, aber auch im Blick auf ihre Kinder pädagogisch vorbildlich zu wirken und sich ins geistliche und musische Leben der Gemeinde einzubringen.

Von der Pfarrfrau wurde jedoch nicht nur allerlei Praktisches erwartet. Sie musste sich auch damit abfinden, an der Seite eines Mannes zu leben, der nicht nur ihr Treue in guten und in schlechten Tagen gelobt, sondern sich auch seiner Kirche in der Ordination lebenslänglich verpflichtet hatte. Ich habe es selbst vor einigen Jahren bei einer Ordination erlebt, dass die Frau des eben ordinierten Pfarrers konsterniert feststellte, dass die Ordination ja auch so eine Art Traugottesdienst ist und sie sich in Zukunft wohl darauf einrichten müsse, neben sich „eine Andere", nämlich die Kirche und die Gemeinde zu dulden. Ihr Mann fühle sich im Grunde seines Herzens vielleicht der Kirche und Gemeinde sogar noch mehr verpflichtet – und das in einem Dienst, der keine geregelten Arbeitszeiten kennt.

Aber nicht nur die Frau des Pfarrers wurde selbstverständlich vereinnahmt. Auch die Kinder – ob sie wollten oder nicht – waren unter besonderer Beobachtung und mussten „funktionieren". Harmonie und Frieden sollten ja vom Pfarrhaus ausgehen, und spätestens seit dem 19. Jahrhundert wurde erwartet, dass auch Musik und Literatur hier zu Hause seien und überhaupt bürgerliches und politisch korrektes Verhalten sichtbar werden sollte. In vielen Fällen ist das wohl auch mehr oder weniger gelungen, und das Pfarrhaus war Institution und Wegweiser der bürgerlichen Gemeinde und tat sich entsprechend schwer mit Kontakten und der Nähe zu anderen sozialen Milieus. Meist fühlte man sich konservativen Werten und Rollen verpflichtet und bewahrte sie.

Pfarrerskinder

Es gab aber auch immer wieder Beispiele dafür, dass von einer Kindheit im Pfarrhaus Impulse zur Veränderung und Erneuerung der Gesellschaft ausgehen konnten. So neigte etwa Christoph Blumhardt (1842–1919) nach seiner

Kindheit im pietistischen Pfarrhaus dem religiösen Sozialismus zu. Carl Gustav Jung (1875–1961) wurde als Pfarrerskind zum Begründer der Psychoanalyse und vieles in seinen Gedanken lässt sich wohl besser verstehen, wenn man weiß, woher er stammt. Auch Hermann Hesse (1877–1962) ist Pfarrerskind und sein literarisches Schaffen ist lebenslänglich Aufstand gegen und Auseinandersetzung mit der Frömmigkeit seiner Kindertage geblieben. Und schließlich sind Friedrich Nietzsche (1844–1900) und Gottfried Benn (1886–1956) kaum zu deuten, wenn man nicht weiß, dass sie aus Pfarrhäusern stammen. Das sind nur ganz wenige Beispiele für die vielen anderen, die aus Pfarrhäusern stammen und in Kultur, Politik und Wissenschaft wegweisend wurden.

Pfarrerskinder haben in vielen Fällen gegen den Rollendruck gekämpft und litten unter den Erwartungen und den kirchlichen und gesellschaftlichen Vorgaben an ihr Elternhaus. Aber viele von ihnen stehen dafür, dass die Erwartungen an das evangelische Pfarrhaus als einer gesellschaftlich prägenden Instanz immer wieder eingelöst wurden, unter anderem auch dadurch, dass sie auch wieder Pfarrer wurden, sich durchaus kritisch mit ihrer Kindheit auseinandersetzten und dennoch die Tradition des evangelischen Pfarrhauses mit Hingabe in ihre eigene Zeit übersetzten.

Durch den Einfluss evangelischer Pfarrhäuser auf die politischen Veränderungen in der DDR, die zur „Wende“ in Deutschland führten, wurde der Mythos Pfarrhaus in besonderer Weise wiederbelebt. Kaum ein Kommentar, der die Person und Politik von Angela Merkel zum Thema hat, vergisst zu erwähnen, dass sie einem evangelischen Pfarrhaus entstammt.

Ankunft in der Gegenwart

Die Zeiten haben sich geändert, und auch das evangelische Pfarrhaus ist nicht mehr so, wie es traditionellen Vorstellungen entspricht. Mancherorts wird es auch schon totgesagt. So lief im Deutschlandradio Kultur am 27. Juni 2009 ein Beitrag unter den Titel „Das evangelische Pfarrhaus – ein Abgesang“. Aber ist die Institution Pfarrhaus tatsächlich am Ende oder hat es sich nur verändert?

Zum einen sind es heute oft Frauen, die das Pfarramt innehaben und, sofern sie verheiratet sind, schlüpfen ihre Männer in den seltensten Fällen in die Rolle der klassischen Pfarr„frau", um Kindergottesdienst und Seniorenkaffe zu organisieren. Kaum jemand erwartet vom Mann der Pfarrerin, dass er seinen Beruf aufgibt und sich ganz der Gemeinde widmet, wenn er mit seiner Frau und Familie ins Pfarrhaus einzieht.

In vielen Pfarrhäusern leben heute Ehepaare, von denen beide Partner eine theologische Ausbildung haben und sich eine Pfarrstelle teilen. Auch das führt zu einer anderen Rollenverteilung. Nun hat die Gemeinde zwei Ansprechpartner, die das Pfarramt in Arbeitsbereiche teilen. Die Gemeinde erlebt, dass einer der Eheleute auch mal einfach nicht im Dienst ist, wenn zum Beispiel der Partner gerade in der Gemeinde unterwegs ist. Das Bild vom Pfarrer, der eigentlich immer im Dienst und ansprechbar ist, bröckelt, und Gemeinden müssen auch lernen, dass die Pfarrerin und Mutter nach einer Geburt nicht gleich wieder zur Verfügung steht oder der Pfarrer und Vater seinen Anteil der Elternzeit nimmt und deshalb „ausfällt". Auch dort, wo der „klassische" Pfarrer mit Pfarrfrau Familie zu finden ist, bedeutet das noch lange nicht, dass sich die Frau in die Gemeindearbeit einbringt oder ihre eigene Berufstätigkeit aufgibt.

Es gibt auch in Pfarrhäusern viele gute Gründe, Beruf und Privatleben zu trennen, um dadurch auch den Kindern den Druck zu ersparen, ihre Rolle als Pfarrerskind spielen zu müssen. Die moderne Vorstellung von Familie als Kleinfamilie mit vielen Freiräumen spiegelt sich auch im Pfarrhaus wieder. Dazu gehört auch die immer wieder geführte Diskussion, ob der Pfarrer denn unbedingt im Pfarrhaus leben muss oder nicht auch irgendwo andernorts wohnen kann, um seine Privatsphäre besser zu schützen. Das Leben im Pfarrhaus muss nicht mehr ein Leben in einem Haus mit „gläsernen Wänden" bedeuten. Das Privatleben der Pfarrfamilie muss nicht wie ein offenes Buch vor den Augen der Gemeinde liegen und kann gerade deshalb zu einer neuen Glaubwürdigkeit und Ehrlichkeit und damit auch zu einer Beglaubigung der evangelischen Predigt führen. Und darum geht es ja letztlich: dass sich auch heute das evangelische Pfarrhaus verändern kann. Es kann sich dem gesellschaftlichen Umfeld anpassen und trotzdem in kritischer Distanz dazu stehen, ebenso wie die Predigt sicherlich heute eine andere Sprache spricht als vor 50 Jahren und gerade deshalb das Wort der Heiligen Schrift für die Gegenwart verständlich zu machen vermag. Und wenn ein Thema unserer heutigen Leistungsgesellschaft die Frage ist, wie wir unter den heutigen Produktions- und Lebensbedingungen der Verletzlichkeit und Individualität des Menschen gerecht werden, so ist es auch in Ordnung, dass das evangelische Pfarrhaus als ein Ort erkennbar wird, an dem der Pfarrer oder die Pfarrerin und Familie als Verletzliche mit dem Recht auf Individualität leben.

Pfarrer – ein Beruf wie jeder andere?

Die meisten Gemeindemitglieder finden es ganz in Ordnung, wenn der Pfarrer nicht immer zu erreichen ist, und gestehen den Pfarrerinnen und Pfarrern ein „normales" Leben zu. Damit ist vielleicht im eigentlichen Sinne erst das eingelöst, was Luthers Idee vom Pfarramt und vom Pfarrhaus war und was er mit seiner Katharina und seiner Familie anstrebte: Der Pfarrer soll kein „Übermensch", sondern ein Mitbürger sein, der sein „Handwerk" mit gleicher Sorgfalt und Hingabe ausübt wie seine Zeitgenossen. Er ist nicht weniger fleißig bei seiner Sache, braucht aber auch nicht mehr zu leisten. Seine Aufgabe ist es, den Mitmenschen Zeuge und Vorbild im Glauben zu sein, allerdings kann dies auch der Ingenieur, die Krankenschwester oder der Bäcker sein. Bei Luther selbst findet sich in seinen Tischreden der Ausspruch: „Ich wohne wohl in einem großen Haus, aber ich wäre lieber frei von ihm." Und Katharina von Bora mag an seiner Seite wohl manches Mal ähnlich gedacht haben. Sie hat beispielhaft und richtungsweisend das evangelische Pfarrhaus geprägt, aber mehr der Not und den Vorgaben ihrer Zeit gehorchend. Sie wäre wohl dem Gedanken ganz und gar nicht abgeneigt gewesen, dass neben allen öffentlichen Verpflichtungen auch noch mehr Zeit sein könnte für ihren Mann und ihre Kinder. Zu offensichtlich zeigen die Berichte Katharinas als Liebende und Geliebte, die nicht Amt und Würde, sondern Menschen suchte und brauchte.

Wir sind heute so weit, dass auch im Pfarrhaus Menschen wohnen dürfen, die unterwegs mit Gott sind, die sich bemühen und ihr Bestes geben, aber auch müde sein dürfen, ihre Grenzen haben und manchmal scheitern. Selbst wenn es im Pfarrhaus zur Scheidung kommen sollte, gibt es dafür Verständnis. Eine geschiedene Bischöfin als Sprecherin der Evangelischen Kirche in Deutschland hat jüngst bei vielen Zeitgenossen eher zu einer neuen Identifikation mit der evangelischen Kirche geführt als zu einem Sturm der Entrüstung. „Auch Pfarrer sind ja nur Menschen", heißt es heute und das ist es, was schon Martin Luther und Katharina von Bora durch ihre Eheschließung deutlich machen wollten.

Allerdings: Auch wenn der Erwartungsdruck, im Pfarrhaus den Idealfall christlicher Ehe und Familie zu finden, geringer geworden ist, so ist es doch nach wie vor eine gesellschaftliche Institution, und die Gemeinden wünschen sich ein „sichtbares und spürbares" Pfarrhaus, das immer noch die Verknüpfung von Glauben und Leben, Offenheit und Verbindlichkeit ausstrahlt. Deswegen wird es auch immer lebhaft bedauert, wenn durch Mangel an Kandidaten oder durch Einsparungsmaßnahmen in vielen Orten das Pfarrhaus nicht mehr „besetzt" ist. Es sind nicht nur Kirchgänger und Protestanten, die es bedauern, wenn ihr Pfarrhaus verschwindet; es sind durchaus auch Kirchenferne und Katholiken, die sich wünschen, dass nicht nur die Kirche im Dorf bleiben möge, sondern auch das evangelische Pfarrhaus. Und dabei darf doch auch daran erinnert werden, dass dieses auch ein spezifisch evangelischer Beitrag zur Ökumene ist. Der Pfarrer, der selbst verheiratet ist und Familie hat, der selbst den familiären Alltag und seine Sorgen kennt, ist doch auch für viele Christen anderer Konfession ein glaubwürdiger Prediger und Seelsorger.

Eine ausdrückliche und hochgesteckte Vorbildfunktion mögen viele den Pfarrfamilien nicht mehr zumuten, aber man vermutet und wünscht sich dennoch im Pfarrhaus immer etwas mehr an sozialer Sensibilität, an geistigem Niveau und zeitgemäßer Frömmigkeit als irgendwo sonst. Die Gesellschaft wartet immer noch auf Impulse aus dem Pfarrhaus, die hoffentlich und glücklicherweise auch immer wieder davon ausgehen.

2

Spielend predigen und singend verkünden

Johann Sebastian Bach, Leipzig und die evangelische Kirchenmusik

2 Gottesdienst ist Musik

Versuchen wir, eine Rangliste evangelischer Persönlichkeiten zu erstellen, die weltweit Ansehen genießen, so wäre Johann Sebastian Bach (1685–1750) sicher ein Kandidat für die Nummer Eins. Wenn sein „Weihnachtsoratorium" oder seine „Matthäuspassion" aufgeführt werden, strömen die Massen in Kirchen und Konzertsäle. Wo seine Kantaten und Motetten eingeübt werden, setzen sich immer neue Generationen von Chorsängerinnen und Chorsängern intensiv mit dem Evangelium auseinander. Die Kirchenmusik des entschiedenen Lutheraners Bach wird ebenso selbstverständlich im Vatikan wie in Peking aufgeführt. Sein Name steht heute schlechthin für gute Kirchenmusik, und als herausragender Vertreter evangelischer Kirchenmusik wird in Bachs Person besonders sichtbar, dass diese einen wichtigen kulturgeschichtlichen Impuls darstellt.

Schon immer war der christliche Gottesdienst musikalisch geprägt, da er sich am jüdischen Gottesdienst orientierte. Schon in den Zeiten Jesu gehörte Gesang selbstverständlich zum Gottesdienst. So wurde zum Beispiel das jüdische Glaubensbekenntnis, das *Sch'ma Israel*, gemeinsam gesungen und, wie auch heute noch in den Synagogen üblich, wurden die Texte der heiligen Schrift singend vorgetragen. Die Grenze zwischen Rede und Gesang war fließend und der Vortrag von Gebeten und heiligen Texten immer in gewissem Grad musikalisch. Um den religiösen Charakter und die Bedeutung des Textes oder Gebetes hervorzuheben und das Wort des Glaubens vom Reden des Alltags zu unterscheiden, wurde die heilige Rede kunstvoll singend vorgetragen.

In der frühen Christenheit, insbesondere nach der konstantinischen Wende (312/313 n. Chr.), die das Christentum zur dominierenden Religion im Römischen Reich machte, kam zum Einfluss der jüdischen Gottesdiensttradition der Einfluss der antiken griechischen und römischen Musikkultur. Hymnen wurden nun von Chören vorgetragen. Der Frauengesang wurde verboten. Professionelle Musiker prägten in den großen christlichen Kirchen das kirchenmusikalische Geschehen. Im Laufe der Kirchengeschichte kristallisierten sich bestimmte Melodien und musikalische Motive heraus und wurden weitergegeben. Die musikalische Improvisation wurde nach und nach aus der Kirche verbannt. Schließlich wurde im Mittelalter die Gregorianik, eine Verbindung römischer und fränkischer Musik, zum Maß kirchenmusikalischer Arbeit und, nachdem es nun mit den sogenannten Neumen eine allgemein verbindliche Notenschrift gab, konnte Musik auch schriftlich fixiert und damit „dogmatisiert" werden.

Die Kirchenmusik wurde der persönlichen Interpretation Einzelner weitgehend entzogen. Für Gemeindegesang und volkstümliches Liedgut war im Gottesdienst kaum noch Raum.

Musik – Verführung oder Offenbarung?

Die Entwicklung der Motette, ein mehrstimmiger und rhythmisch strukturierter Gesang, brachte der Kirchenmusik gegen Ende des Mittelalters neue Impulse. Nun aber griff der damalige Papst, Johannes XXII., 1324/25 durch eine Ermahnung zur Rückkehr und zum Festhalten am einstimmigen gregorianischen Gesang in das kirchenmusikalische Geschehen ein. Er wollte einer Verweltlichung des liturgisch-gottesdienstlichen Singens und Musizierens wehren und sprach sich deshalb ausdrücklich gegen kompositorische Neuerungen in der Kirchenmusik aus. In einer Zeit, in der die Kirche insgesamt durch eine mehrfache Reform der Klöster und Orden eine Rückkehr zu Askese und Ernsthaftigkeit suchte, sollte auch die Musik im Gottesdienst nicht sinnlich und emotional, sondern strengen Regeln unterworfen sein. Aber die musikalische Entwicklung in der römisch-katholischen Kirche konnte nicht gänzlich gebremst werden. Die Renaissance brachte auch im Bereich der Musik vielerorts Freiheit und neue Impulse, zumal die Erfindung des Notendrucks die Möglichkeit bot, neue Musik schnell zu verbreiten. Namen wie Orlando di Lasso (1532–1594), Giovanni Pietro da Palestrina (1514(?)–1594), Giovanni Gabrieli (1557–1612) und Claudio Monteverdi (1567–1643) stehen für eine lebendige und kreative römisch-katholische Kirchenmusik.

Immer wieder wurde die musikalische Entfaltung jedoch unter Berufung auf Johannes XXII. zumindest gehemmt und gesteuert, so auch auf dem Konzil zu Trient (1545–1563), das den Weg der katholischen Kirche nach der Reformation prägte. Insbesondere der Gebrauch der Volkssprache war für den kirchlichen Gesang untersagt. Die Liturgie wurde selbstverständlich in Latein, der Kirchensprache, gesungen. Die Alltagssprache des Volkes blieb verpönt, um das Heilige zu sagen und zu singen. Allerdings brachte die Gegenreformation, also die Zeit nach dem Konzil von Trient, kirchenmusikalisch einen neuen Auftrieb, weil man den Protestanten auch auf diesem Gebiet Paroli bieten wollte. Eine prunkvolle Gestaltung der Liturgie sollte Tradition und Würde der römisch-katholischen Kirche unterstreichen und Alessandro Scarlatti (1660–1725) sowie Jean Philipp Rameau (1683–1764) setzten kirchenmusikalische Akzente. Es wurde jedoch immer auf eine klare Unterscheidung zwischen weltlicher Musik und Kirchenmusik geachtet. Kirchenmusik sollte nicht profan oder opernhaft klingen.

Die Reformation setzte deutlich andere Akzente: Ohne Vorbehalt bezeichnete Martin Luther die Musik in ihren unterschiedlichsten Formen als gute Gabe Gottes und sah sie als Mittel zur Verkündigung des Evangeliums. Da er ohnehin Klöster und Mönchtum ablehnte, war es auch selbstverständlich, dass nun anstelle der Ordensleute, die die Gottesdienste bisher mit ihrem liturgischen Gesang geprägt hatten, die Gemeinden selbst singen sollten, und zwar in der Volkssprache. Ebenso wie jeder das Recht habe, die Bibel in seiner Muttersprache eigenständig zu lesen, sollte auch jeder Christ im Gottesdienst am Gotteslob und der Fürbitte singend mitwirken können. Für Luther war die Musik keine verführerische Gefahr, die Menschen vom Weg des Glaubens abzubringen vermochte. Johannes Calvin (1509–1564), der andere große Reformator, war jedoch bei dieser Einschätzung anderer Meinung.

Luther sah die ganze Bandbreite der musikalischen Ausdrucksmöglichkeiten als wichtigen Bestandteil der Erziehung der Kinder und ihrer Lehrer, aber eben auch als Medium der Verkündigung und Glaubensunterweisung in der Gemeinde. Er schuf selbst Texte und Melodien für Kirchenlieder und gab dem Gemeindegesang seinen festen Platz im Gottesdienst. Luther scheute sich nicht, Volkslieder und Volkssprache in die Kirchenmusik zu integrieren. Vor allem aber warb er um Unterstützung für Musik und Musiker durch die

Obrigkeit. Auf diese Weise wurde die Kirchemusik sozusagen zur „Chefsache“ und nicht nur in der theologischen, sondern auch in der kirchenmusikalischen Ausbildung wurden neue Standards gesetzt.

Es entspricht der Logik der lutherischen Tradition, die Welt und Glauben, Werktag und Sonntag, Beruf und Gottesdienst nicht getrennt sah, dass weltliche und geistliche Musik, Volkslied und Choral verknüpft wurden. Volksmusik wurde problemlos zur Vorlage für Kirchenlieder, und man kann darin geradezu eine Versinnbildlichung dafür sehen, wie die Welt und der Alltag geheiligt, ja geistlich werden, indem sie die „Unterlage“ bilden, auf der das Evangelium deutlich und sichtbar wird.

Zwischen Fürstenhof und Kirche

Auch Johann Sebastian Bach, der hier als Vertreter der evangelischen Kirchenmusik *par excellence* im Mittelpunkt unseres Interesses steht, war nicht nur der Kirchenmusik verpflichtet. Er begann seine Laufbahn als Streicher am Hofe in Weimar, wurde dann Organist an mehreren Kirchen, nahm später wieder in Weimar eine Stelle als Hoforganist und Konzertmeister an, bevor er sich in Köthen fast ausschließlich mit weltlich-höfischer Musik befasste. In Leipzig wurde er schließlich Thomaskantor, also verantwortlich für kirchenmusikalische Praxis und Komposition. Er widmete sich in den ersten Leipziger Jahren besonders intensiv der gottesdienstlichen Musik, bevor er in seinen letzten Lebensjahren neben der h-Moll-Messe große Instrumentalwerke in Angriff nahm.

Bach verbindet sein ganzes Leben lang den säkularen und kirchlichen Auftrag, die „Unterhaltungsmusik“ und die geistliche Musik ganz selbstverständlich. Alle Musik ist für ihn in ihrer Harmonie und Ordnung Ausdruck und Gleichnis der göttlichen und der schöpfungsmäßigen Ordnung. Deshalb ist alle „ordentliche“ Musik auch Gotteslob, und jeder Musiker, der diese Ordnung „zelebriert“ ist auch „Prediger“. Frömmigkeit und Lebensfreude durften sich in seinem Schaffen durchaus verbinden, Kirche und Welt ergänzten einander, wie eben auch die Mäzene seiner Musik, die jeweiligen Landesherren nach Luthers Konzept nicht nur weltliche, sondern auch kirchliche Obrigkeit waren. Eine Trennung von kirchlicher und weltlicher Musik ist zu Lebzeiten Bachs gar nicht denkbar. Er ist ein Kind seiner Zeit, des Barock, und in dieser Zeit versuchte man nach den schrecklichen Jahren der Glaubenskriege, die der Reformation folgten, wieder Lebensfreude und Lebensoptimismus in geordneten gesellschaftlichen Bahnen zu finden.

Man wollte wieder auf Gottes ewige Ordnung vertrauen, die der Mensch zu erkennen sucht, und der er sich nicht entziehen kann, wo er sie erkennt.

Ebenso wie Luther sich nicht davor gescheut hatte, die Grenzen der traditionellen gottesdienstlichen Musik zu überschreiten und musikalische und sprachliche Anregungen aus unterschiedlichsten Quellen aufzunehmen, so war es auch Bachs Genie, dass er in vielfältiger Weise zur Synthese fand und aus der Vielfalt der Tradition schöpfend Neues entwickelte. Allerdings mit einer Einschränkung: Seine „Parodien", d. h. seine selbstverständliche Verwendung weltlicher musikalischer Motive für die geistliche Musik, wurden nie umgekehrt. Musikalische Motive, die er einmal in der Kirchenmusik verwendet hatte, wurden nicht wieder in säkularer Musik verwandt. Unausgesprochen galt, dass musikalische Elemente, die durch gottesdienstlichen Gebrauch geheiligt waren, nicht mehr alltäglich und profan werden sollten.

Gegensätzliche theologische Richtungen aber, wie die lutherische Orthodoxie und der Pietismus, sollten in seinem Werk überwunden werden. Theologisch stand Luther sicher dem traditionellen Luthertum nahe, aber viele seiner Texte und die Emotionalität seiner Werke verbinden ihn doch auch mit dem Pietismus. Tiefe Frömmigkeit war für ihn selbstverständlich. Er verband Bibelworte und Choräle der Reformationszeit, verwendete aber auch neuere Dichtungen von Sebastian Frank (1606–1668) oder Christian Friedrich d. h. Henrici (1700–1764, Pseudonym: Picander). All das zeugt von großer Vielfalt, sicher auch von einem gewissen Einfluss der Aufklärung auf sein Denken. Aber es galt doch immer, dass die Musik letztlich „zu Gottes Ehre und Recreation des Gemüths" dienen sollte. „Wo dieses nicht in acht genommen wird, da ist's keine eigentliche Musik, sondern ein teuflisches Geplerr und Geleyer."

Kirchenmusikalische Reformation

Die Bedeutung und das Ansehen Johann Sebastian Bachs als dem aus heutiger Perspektive bedeutendsten evangelischen Kirchenmusikers, beruht auf der Verschmelzung und Entwicklung geistiger, musikalischer und theologischer Traditionen. Bach sah sich sehr wohl dem musikalischen und geistlichen Erbe der evangelischen Kirchenmusik verpflichtet, so wie sie überkommen war. Liturgische und musikalische Formen übernahm er selbstverständlich, und dennoch verbindet sich mit seiner Arbeit eine kirchenmusikalische Reformation. Seine Arbeit bedeutet Ausbruch und Aufbruch aus alten Konventionen und Fesseln des Musikalischen. Dabei ist jedoch zu beachten, dass diese Einschätzung der Leistung und Bedeutung Bachs unsere heutige ist. Zu seinen Lebzeiten wurde seine Leistung nicht so selbstverständlich gesehen und anerkannt. Erst seine musikalische Wiederentdeckung im 19. Jahrhundert, vor allem durch Carl Friedrich Zelter (1758–1832) und Felix Mendelssohn-Bartholdy (1809–1847), sowie seine theologische Wiederentdeckung durch Albert Schweitzer (1875–1965) machten ihn zu dem, als der er heute gesehen wird.

Geboren wurde Johann Sebastian Bach 1685 in einer Musikerfamilie, die bis ins 16. Jahrhundert zurückzuverfolgen ist. Ebenso selbstverständlich wie in anderen Familien das Bäcker- oder Schusterhandwerk von Generation zu Generation weitergegeben wurde, waren die Bachs Musiker in Thüringen, als Stadtmusikanten, Organisten oder Komponisten. Johann Sebastian Bachs Großvater war Musiker am Weimarer Hof und ging später nach Arnstadt. Sein Vater, Johann Christoph Bach, war Hof- und Stadtmusikus in Eisenach. Ein Bruder wurde Organist in Ohrdruf, ein anderer Kammer- und Hofmusikus in Stockholm. Auch alle vier Söhne Johann Sebastian Bachs wurden Musiker. Selbst die beiden, die anfangs mit einem Jurastudium andere Wege eingeschlagen hatten, endeten letztlich bei der Musik.

Bach erhält seine erste musikalische Ausbildung im Elternhaus durch den Vater. Aber seine Kindheit ist kurz. Schon mit neun Jahren verliert er seine Mutter, ein Jahr später stirbt der Vater. Sein ältester Bruder, Johann Christoph (1671–1721), Organist in Ohrdruf, übernimmt nun seine Erziehung. Nachdem ihn der Vater an der Violine ausgebildet hatte, lernt Johann Sebastian jetzt das Cembalo- und Orgelspiel. Schon mit 15 Jahren geht er mit seinem Freund Georg Erdmann nach Lüneburg, weil im Haus des Bruders „Mangel an Quartier“ herrschte, also kein Platz mehr für ihn war. Die Michaelisschule in Lüneburg bietet nur eine bescheidene Existenz, aber doch entscheidende Lehrjahre als Chorsänger und Instrumentalist.

Wanderjahre

1703, nach Abschluss seiner Schulzeit, findet Bach seine erste Anstellung als Violinist am Hofe zu Weimar. Und sein Geigenspiel muss tatsächlich absolut meisterhaft gewesen sein, wie vielfach bezeugt wird. Aber nur zwei Jahre später wechselt er Anstellung und Instrument: Er wird mit 18 Jahren Organist in Arnstadt, wo eben eine neue und prächtige Orgel in der Bonifazius-Kirche gebaut worden war. Hier beginnt auch Bachs schöpferische Tätigkeit als Komponist. Das Komponieren muss er sich wohl im Wesentlichen autodidaktisch angeeignet haben. Er scheute auch lange Fußwege nicht, um die Großen der Musik seiner Zeit zu hören und zu verstehen. Als er nach einem Studienaufenthalt bei Dietrich Buxtehude (um 1637–1707) in Lübeck verspätet zum Dienst nach Arnstadt zurückkehrt, wird er zur Rede gestellt. Es wird ihm aber nicht nur seine verspätete Rückkehr von seiner Reise vorgeworfen, sondern auch, „daß er bisher in den Choral viele wunderliche Variationes gemachet, viele fremde Töne miteingemischet, dass die Gemeinde darüber confundieret worden“. Ein deutlicher Hinweis auf Bachs „Kreativität“ bei der Wahrnehmung seines Dienstes, die – wie bei wahrscheinlich allen großen Geistern – dazu führte, dass sein Publikum, die Gemeinde, zuerst einmal über diese Art Kunst verwirrt war.

1707 heiratet Bach Maria Barbara, eine Cousine, und wird im selben Jahr Organist in Mühlhausen. Allerdings gestaltet sich die Zeit dort wegen allerhand Streitigkeiten zwischen Pietisten und orthodoxen Lutheranern eher unerfreulich. Immerhin komponiert er hier seine erste Kantate, die sogenannte

„Ratswahlkantate“. Sie ist die einzige Vokalkomposition, die zu seinen Lebzeiten gedruckt wird. Johann Sebastian nutzt schon 1708 die Gelegenheit, einem Ruf nach Weimar zu folgen, wo er Hoforganist wird. Die Weimarer Zeit wird zur „goldenen Zeit seiner Orgelkunst“: Hier begründet er seinen Ruf als Orgelvirtuose und Komponist, aber er wird auch immer wieder als Sachverständiger für den Orgelbau in Anspruch genommen. In Weimar wandeln sich allmählich auch seine Kirchenkantaten: Er führt Rezitativ und Arie, eigentlich Elemente der Oper, in die Kantaten ein, und besonders der Sprechgesang der Rezitative ermöglicht einen gefühlsbetonten und individuellen Ausdruck in der Kirchenmusik, die sich bis dahin vor allem an formalen Kriterien zu orientieren hatte.

1714 wird Bach in Weimar zum Hofkonzertmeister berufen, wodurch wiederum sein erstes Instrument, die Violine, in den Vordergrund tritt. Er verbindet aber beide Tätigkeiten als Organist und Konzertmeister, indem er italienische Violinkonzerte von Vivaldi, Albinoni, Corelli und anderer Zeitgenossen auf Orgel und Cembalo überträgt. Langsam rückt Bach in den Mittelpunkt des Musiklebens am Weimarer Hof. Er versteht es in glänzender Weise, seine kirchenmusikalischen und seine weltlich-musikalischen Aufgaben zu erfüllen. Allerdings kommt es 1717 zum Bruch mit seinem Arbeitgeber, da er bei der Nachfolge des verstorbenen Hofkapellmeisters übergangen wurde. Es kommt zum Streit mit dem Landesherrn, der so heftig ist, dass Bach sogar kurzzeitig in Haft genommen wird. Schließlich wird er doch noch Hofkapellmeister, zwar nicht in Weimar, aber in Anhalt-Köthen, und hat damit den Karrieregipfel für einen Musiker in damaliger Zeit erreicht.

Die Zeit in Köthen ist für Bachs kirchenmusikalisches Wirken unbedeutend und unergiebig, da der dortige evangelisch-reformierte Hof aus theologischen Gründen keinen Wert auf Kirchenmusik legt – abgesehen vom gottesdienstlichen Psalmengesang. So konzentriert sich Bach auf Kammermusik und hat jetzt viel Zeit zum Komponieren. Es entstehen zum Beispiel die Brandenburgischen Konzerte. In Köthen hat Bach auch Zeit für seine Familie und die Hausmusik. Er will seine Kinder in die Kunst des „sinnvollen Singens und Spielens zu Gottes Lob“ einführen. Später bezeichnet er einmal die Köthener Zeit als die glücklichste seines Lebens.

1720 stirbt jedoch ganz unerwartet seine Frau Maria Barbara, während er sich mit seinem Fürsten in Marienbad aufhält. Als Witwer mit vier Kindern heiratet er bereits ein Jahr später und die Hochzeit wird der Anfang einer zweiten glücklichen Ehe, in der die junge Sängerin Anna Magdalena nicht nur Gattin und Mutter ist, sondern auch Mitarbeiterin und Mitstreiterin. Doch auch die Köthener Zeit endet unerfreulich: Durch die Heirat des Fürsten verändert sich offensichtlich die gesellschaftliche Situation am Hofe derart, dass sich Bach gezwungen sieht, nach einer anderen Stelle Ausschau zu halten.

Die Jahre von 1703 bis 1723, Bachs Wanderjahre, sind Zeugnis einer unglaublichen musikalischen Vielfalt. In dieser Zeit spielt Bach Geige, Cembalo und Orgel in Perfektion, bedient den kirchenmusikalischen und den höfischen Musikgeschmack, bewegt sich im bürgerlichen wie im höfischen Milieu, ist streitbar und anpassungsfähig auf sehr unterschiedlichem Terrain, ist offen für vielerlei Einflüsse und doch konsequent in der Entwicklung eines ganz eigenen musikalischen Stils, der den Rahmen des Bisherigen sprengt, der neue Töne und Harmonien findet, der Form und Individualität verbindet.

Zeit der Reife und Konzentration

Von Köthen geht Bach als Thomaskantor nach Leipzig, obwohl er es anfangs als sozialen Abstieg empfand, nun nicht mehr Hofkapellmeister, sondern nur noch Kantor zu sein. 1723 übersiedelt er nach reiflicher Überlegung in die Kantorenwohnung im Gebäude der Thomasschule, vor allem auch, um seinen Söhnen das Studium in der damaligen Weltstadt Leipzig zu ermöglichen. Es beginnt nun für Bach eine kontinuierliche und äußerst fruchtbare Zeit musikalischer Entwicklung und Produktivität. Allein 165 seiner überlieferten Kantanten stammen aus dieser Zeit, die meisten davon aus den ersten Jahren. Insgesamt soll Bach fünf vollständige Kantatenjahrgänge geschaffen haben, also Kantaten für alle Sonn- und Feiertage des Jahres! 195 davon sind erhalten.

Die Leipziger Zeit ist jedoch auch eine Phase, in der Bach ohne viel öffentliches Aufsehen und öffentliche Anteilnahme wirkt. So wird etwa die großartige Matthäuspassion im Nachmittagsgottesdienst am Karfreitag 1729 ohne große öffentliche Wirkung „in aller Stille“ aufgeführt. Bach hat immer einen großen Freundeskreis, aber Aufsehen erregt in Leipzig nicht so sehr seine Musik, als vielmehr sein Streit um die Schulpolitik. Die Schüler der Thomasschule sollten die musikalischen Voraussetzungen mitbringen, um unter der Leitung des Thomaskantors ihren kirchenmusikalischen Verpflichtungen in Chor und Orchester an vier Kirchen der Stadt nachzukommen. Tatsächlich aber werden viele Schüler aus anderen Gründen aufgenommen. Ihre musikalischen Fähigkeiten sind so, dass Bach sie kaum für seine Tätigkeit als Kantor einsetzen kann. Dazu kommt der Streit mit der Schulleitung über den Schwerpunkt der Ausbildung: ob dieser eher im musikalischen oder eher im wissenschaftlichen Bereich im Sinne der Aufklärung zu liegen habe. So ist die Leipziger Zeit für Bach über weite Strecken von Querelen überschattet. Er zieht sich nach und nach von allen äußeren Tätigkeiten zurück und denkt auch über einen erneuten Stellenwechsel nach.

Oft reist Bach von Leipzig nach Dresden, um seine Freundschaft zum dortigen Kurfürsten zu pflegen. Auf Bachs Bewerbung hin ernennt ihn dieser 1736 zum „Königlich Polnischen und Kurfürstlich Sächsischen Hofkomponisten“. Bach weilt aber auch deshalb gerne in Dresden, weil er die Musikszene der großen Residenzstadt schätzt. Seine letzte große Reise führt ihn 1740 schließlich nach Berlin, wo er durch seinen Sohn Philipp Emanuel (1714–1788) am Hof Friedrichs des Großen eingeführt wird und durch seine Virtuosität am Instrument, seine Improvisationskunst und seine Kompositionen einen tiefen Eindruck hinterlässt. Im dankbaren Rückblick widmet Bach sein „Musikalisches Opfer“ Friedrich dem Großen.

Bachs letzte Lebensjahre sind geprägt durch zunehmende Erblindung, die ihn aber doch nicht von der Arbeit abhalten kann. Er diktiert nun seine Kompositionen. Sein letztes großes Werk ist „Die Kunst der Fuge“. Am 28. Juli 1750 stirbt Bach im Alter von 65 Jahren.

Dass Bach trotz aller Widrigkeiten und anderer Pläne so viele Jahre in Leipzig wirkt (von 1732 bis 1750) und dort die großen Werke der musikalischen Weltliteratur komponiert, mag wohl wesentlich daran liegen, dass

Leipzig die weltläufigste unter den bedeutenden deutschen Städten in der damaligen Zeit ist. Die reiche Messestadt Leipzig hat glücklicherweise im Dreißigjährigen Krieg weniger gelitten als andere große Städte. Sie entwickelt sich in jenen Jahren nicht nur wirtschaftlich, so dass sie Nürnberg und Frankfurt am Main als Handelszentren überflügelt, sondern sie wird auch zum geistigen Mittelpunkt Deutschlands. Leipzig ist in dieser Zeit berühmte Universitätsstadt und für Buchdruck und Buchhandel von großer Bedeutung. Das orthodoxe Luthertum, der Pietismus, aber auch die Aufklärung sind hier zuhause. Französische Glaubensflüchtlinge, die Ende des 17. Jahrhunderts nach Leipzig kommen, geben nicht nur dem wirtschaftlichen, sondern auch dem geistigen und kulturellen Leben der Stadt neue Impulse. Das urbane Umfeld ist der ideale Nährboden für Bach und seine Musik, auch wenn es, wie beschrieben, manche Konflikte um sein dortiges Wirken gegeben hat und er gerne und oft „bei Hofe", zum Beispiel in Dresden, einkehrt. Des Öfteren kann nur durch deutliche Parteinahme des Kurfürsten zu Gunsten Bachs ein einigermaßen gedeihliches Weiterarbeiten im bürgerlichen Leipzig gewährleistet werden. Dennoch: In Leipzig treffen sich Tradition und Anstoß zu Neuem, hier sind das Publikum und die Strukturen, die Bachs intensivste Schaffensphase ermöglichen.

Die Bach-Renaissance im 19. Jahrhundert

Nach seinem Tod war Johann Sebastian Bach, für viele Jahrzehnte bedeutungslos und selbst seine Grabstelle war verschollen. Die Zeit der Aufklärung und Säkularisierung auf der einen Seite, sowie des Pietismus und der frommen Erbauung auf der anderen, hatte wenig Sinn für feine, anspruchsvolle Kirchenmusik. Andererseits wurde Bachs Musik als „zu dramatisch" abgetan. Sicher haben Größen wie Josef Haydn (1732–1809), Ludwig van Beethoven (1770–1821) und Wolfgang Amadeus Mozart (1756–1791) Bach gekannt, und er hat sie beeinflusst. Aber seine Musik war über Jahrzehnte höchstens ein Insider-Tipp. Seine Kirchenmusik, seine Kantaten und Lieder wurden nur noch selten aufgeführt. Als man die „Kunst der Fuge“, Bachs Alterswerk und aus heutiger Perspektive ein Höhepunkt seines Schaffens, zum ersten Male druckte, wurden so wenige Exemplare davon verkauft, dass durch die Erlöse nicht einmal die Druckkosten gedeckt werden konnten.

Erst der romantische Klassizismus und die Restauration nach Napoleon brachten eine Rückbesinnung. Berlin wurde nun zum neuen politischen und kulturellen Zentrum Deutschlands, und die Stadt sowie der preußische König mit seinem Umfeld besannen sich darauf, evangelisch zu sein und das Erbe der Reformation zu pflegen. Zwar haben schon Goethe und vor ihm Johann Nikolaus Forkel (1749–1818) mit einer begeisterten Bachbiografie das Interesse an dem Komponisten geweckt, aber praktisch war es der bereits erwähnte Carl Friedrich Zelter und seine Berliner Singakademie, die Bachs Musik wiederentdeckten und zur Aufführung brachten. Zelter führte seit 1800 über Jahre regelmäßig Bachsche Kantaten und schließlich auch die h-Moll-Messe auf. 1815 beginnt er mit der Singakademie die Johannes-Passion und die Matthäuspassion einzustudieren. Er arbeitet Jahre daran. Dann aber überlässt er die publikumswirksame öffentliche Aufführung der Matthäuspassion einem anderen, damals jungen und vielversprechenden Vertreter evangelischer Kirchenmusik: Felix Mendelssohn-Bartholdy. 1829 erklingt Bachs großes Werk im Rahmen einer Wohltätigkeitsveranstaltung und begeistert das Berliner Publikum so sehr, dass die Aufführung mehrfach wiederholt werden muss. 100 Jahre nach der Uraufführung der Matthäuspassion in Leipzig war dies die Initialzündung zu einer Bach-Renaissance, die ihm erst die Genialität zusprach, die ihm heute allgemein zuerkannt wird. Erst nach 1829 wurden die Bach-Werke systematisch gesammelt, zugänglich gemacht und fanden Eingang in Konzertsäle und Gottesdienste. Nun wird Bach auch in Leipzig unter der Leitung des Thomaskantors Moritz Hauptmann wieder aufgenommen, gesungen und gespielt. Hauptmann ist auch der erste Leiter der 1850 gegründeten Bach-Gesellschaft, die eine Gesamtausgabe der Werke Bachs herausgibt. Erst jetzt ist Bachs Kirchenmusik allgemein zugänglich!

2 Mit Bach ins dritte Jahrtausend

Der große Theologe, begnadete Musiker und missionarische Menschenfreund Albert Schweitzer (1875–1965) veröffentlicht 1908 eine Arbeit, die die theologische Bedeutung, die Verknüpfung von Musik und Evangelium in Bachs Werk herausarbeitet. Jetzt wird der Komponist zum „Fünften Evangelisten", als der er seitdem gerne bezeichnet wird. Für Schweitzer war Bachs Werk die gelungene Umsetzung der christlichen Glaubenslehre in die Musik. Er wurde weit über die deutschen Grenzen hinaus zu einem der wichtigsten Botschafter bachscher Musik, nicht nur als Interpret, sondern auch als Präsident der Internationalen Bach-Gesellschaft.

Die Zeit Felix Mendelssohn-Bartholdys, die wir als Romantik bezeichnen, bedeutete überhaupt eine Zeitenwende für die Kirchenmusik. Seit jener Zeit bestimmte das Bürgertum das kulturelle Leben. Nicht mehr in erster Linie die Höfe und der Adel, sondern Konzertgesellschaften und Singvereine prägen seit dem 19. Jahrhundert die Musikszene, auch in den Kirchen und Gemeinden. Kirchenchöre und Posaunenchöre sind zum Ausgangspunkt breiter kirchenmusikalischer Aktivität geworden. Damit wurde die Kirchenmusik über den Gemeindegesang hinaus zu einem Feld reger Mitwirkung der Gemeindeglieder in Gottesdiensten und Konzerten und hat die evangelische Gemeindekultur und ihre Frömmigkeit bis unsere Zeit geprägt.

Kirchenchöre und Posaunenchöre sind auch heute noch in vielen Gemeinden Rückgrat für Gottesdienst und Gemeindeleben. Die Musik Johann Sebastian Bachs ist der musikalische Maßstab. Dabei gelten nicht nur professionelle Aufführungen als kulturelle Höhepunkte mit regem Publikumsinteresse. Auch musikalische Laien sehen es als eine faszinierende Herausforderung, bei einer Bachkantate, einer großen Passion oder dem Weihnachtsoratorium mitzusingen. Auf diese Weise ist und bleibt Johann Sebastian Bach wohl auf unabsehbare Zeit der erfolgreichste „Prediger" evangelischer Provenienz. Er erreicht mit seiner musikalischen Botschaft Menschen, die dem Gemeindegottesdienst schon lange fernbleiben. Seine frommen Texte werden auch von Menschen gesungen, die schon lange keine Bibel mehr in der Hand hatten. Bach ist also auch heute noch einer, der Brücken baut zwischen Welt und Kirche, zwischen Kultur und Glaube, zwischen unterschiedlichen Konfessionen, zwischen Evangelium und Gegenwart.

Selbstverständlich hat es auch vor und nach Bach evangelische Kirchenmusik gegeben und wird es wohl auch weiterhin geben. Ich wage sogar zu behaupten, dass es noch nie so viel Kirchenmusik unterschiedlichster Prägung gegeben hat wie heute. Jeder Gottesdienst ist wesentlich durch die Kirchenmusik bestimmt. Das Spektrum der Kirchenkonzerte ist unüberschaubar geworden, Kirchentage und Festivals setzen neue Akzente. Aber kein anderer Komponist, keine andere Epoche hat das Ansehen und die Akzeptanz Johann Sebastian Bachs. In seinem Werk sind die Fragen, ob nun Wort oder Musik wichtiger sei, ob Verkündigung oder Kunst im Vordergrund stehe, ob die Musik nur dienenden oder auch dominanten Charakter haben dürfe, einfach gelöst. Bei ihm verschmelzen Wort und Musik; seine Verkündigung ist Kunst; seine Werke glänzen und dienen doch der Besinnung.

Selbstverständlich muss es in der Kirche auch andere Musik geben als die von Bach. Und ebenso selbstverständlich muss es zu jeder Zeit auch zeitgemäße Versuche geben, Verkündigung musikalisch zu gestalten und zu begleiten. Neue Lieder und Gospels, Rock-Musik und anspruchsvolle neue Kirchenmusik gehören heute zum Spektrum sakraler Musik. Aber egal, was in der Gegenwart kirchenmusikalisch geboten wird und welche Resonanz diese Musik in der breiten Öffentlichkeit findet – Johann Sebastian Bach hat in genialer Weise die musikalischen Möglichkeiten im Raum der Kirche ausgelotet und mit seinen Werken die evangelische Kirchenmusik zum Maßstab der Musikgeschichte gemacht. Er hat einen unglaublichen Impuls gegeben, Evangelium immer und immer wieder zu singen und zu spielen.

Mit Mut und Respekt bis ans Ende der Welt

Nikolaus Graf von Zinzendorf, Herrnhut und die evangelische Mission

3 Enttäuschende Erfahrungen und neue Perspektiven

Die Reformation hatte zwar eine spürbare und ersehnte Erneuerung des Glaubens und der Kirchen bewirkt, aber auch nicht endende Streitigkeiten um die richtige Glaubenslehre zur Folge, die sogar zu Kriegen zwischen den verfeindeten Konfessionen führten. Grausamer Höhepunkt dieser Entwicklung war der Dreißigjährige Krieg (1618–1648), der nicht nur Tod und Elend ins Land brachte. Er ließ auch den Zweifel und Widerspruch der Bevölkerung wachsen gegen die Praxis und Lehre der Kirchen, die immer neue Konfrontationen provozierten. Die Sehnsucht nach einer Zeit, in der nicht mehr Vorurteil und Dogma das Handeln der Menschen leiten würden, sondern Lebensfreude und die Freiheit des Geistes, war groß. Ein geordnetes Staatswesen und die Erziehung der Menschen sollten dem Chaos wehren, in das die Gesellschaft immer wieder abzugleiten droht.

In gelehrten Kreisen träumte man davon, dass künftig die Vernunft den Glauben als Grundlage des menschlichen Handelns ersetzen werde. Nicht blinder Gehorsam gegen die Autorität von Kirche und Obrigkeit solle das Denken leiten, sondern die eigene Erkenntnis und auf Erfahrung beruhende und für jeden nachvollziehbare Gesetze. Es begann die Zeit, die wir die Aufklärung nennen und die zugleich auch die Zeit des Barock und des Absolutismus ist.

Jedoch waren längst nicht alle davon überzeugt, dass die menschliche Vernunft eine Garantie für bessere Lebensbedingungen und mehr Gerechtigkeit wären. Es gab auch die Meinung, man müsse nur die Reformation konsequent weiterentwickeln, um Kirche und Staat auf eine neue und bessere Grundlage zu stellen. So entstand parallel zur Aufklärung der Pietismus, ein evangelischer Impuls zur Erneuerung des geistlichen, kirchlichen und gesellschaftlichen Lebens. Das Anliegen des Pietismus war es, die andauernden Streitigkeiten der christlichen Kirchen um die rechte Lehre zu Gunsten der Betonung einer praktischen Frömmigkeit zu überwinden. Sein Ideal bestand in einem undogmatischen, aber doch klar an der Heiligen Schrift und ihren Lebensanweisungen orientierten christlichen Glauben, der den Alltag und das menschliche Zusammenleben wohltuend gestalten würde. Der Gottesdienst sollte die Gemeinschaft stärken und die Menschen zum Dienst am Nächsten ermuntern. Die Zeit der theologischen Spitzfindigkeiten und Querelen sollte vorbei sein, denn endlich würde das, was alle Christen verbindet, mehr betont werden, als das, was die christlichen Konfessionen trennt. Die persönliche Bibellese, die tägliche Andacht und die gegenseitige Seelsorge aller Gläubigen standen im Vordergrund und aus einer verknöcherten Amts- und Obrigkeitskirche sollte eine Bekenntniskirche werden, in der Standesunterschiede, die Unterordnung der Frau und die Trennung der Konfessionen ihre Bedeutung verlieren würden.

Die Anfänge des Pietismus sind in den Niederlanden zu finden. Im deutschen Protestantismus förderten ihn Johann Arndt (1555–1621), August Hermann Francke (1663–1727) und Philipp Jacob Spener (1635–1705), dessen Schrift „Pia desideria" von 1675 als Auslöser des Pietismus in Deutschland gilt. Besonders im Adel, aber auch in den Städten, wie zum Beispiel Frankfurt am Main oder Hamburg, fand der Pietismus Zuspruch gegen den heftigen Widerstand vieler Theologen und kirchenleitender Persönlichkeiten, denen die Individualität und Freiheit pietistischer Frömmigkeit höchst suspekt war. In Württemberg wurde der Pietismus zur breiten Volks- und Laienbewegung.

Nikolaus Graf von Zinzendorf

Ein herausragender Vertreter pietistischen Denkens und Handelns war Nikolaus Graf von Zinzendorf (1700–1760). Auch er war geprägt von diesem neuen Kirchenverständnis. Schon in jungen Jahren gründete er auf seinem sächsischen Landgut Herrnhut eine brüderliche Gemeinschaft von Christen unterschiedlicher Konfession und Herkunft. Sein Ziel war eine „echte" Kirche, die ein „Herzenschristentum" hervorbrachte, das die innere Zuwendung zum christlichen Glauben mit tatkräftiger Zuwendung zu allen Menschen in innerer und äußerer Not verknüpfte. Zinzendorf setzte neue Akzente im evangelischen Kontext, indem er nicht nur Wert darauf legte, dass die Grenzen der Landeskirchen und der Konfessionen überwunden würden, sondern die Bot-

3

schaft des lebendigen Glaubens auch in andere Kontinente und Kulturen getragen werden sollte. Er war überzeugt, dass „ des Heilands sein Predigtstuhl, sein Lehrstuhl, so weit und so groß als die ganze Welt ist". Also sollten die Diener Jesu Christi auch bereit sein, in alle Welt zu gehen.

Die missionarische Skepsis der Reformation

Mission war in den Anfängen der Reformation kein bedeutendes Thema gewesen. Das hatte sicher auch ganz praktische Gründe: Die evangelischen Landeskirchen entstanden zuerst einmal nicht in Ländern mit überseeischen Territorien, wo sich eine Ausbreitung der neuen Konfession in andere Kontinente unmittelbar nahelegte. Zu der binnenländischen Lage der protestantischen Landeskirchen kam noch der Umstand hinzu, dass die neu begründeten evangelischen Kirchenstrukturen erst einmal selbst die volle Aufmerksamkeit von Theologie und Kirchenleitung erforderten, bevor man Aktivitäten über die eigenen Grenzen hinaus entwickeln konnte. Und schließlich waren es in vorreformatorischen Zeiten und in der römisch-katholischen Kirche die Orden, die missionarisch aktiv waren. Die Mönche der verschiedenen Kongregationen waren durch ihre asketische Lebensphilosophie und ihre gleichsam militärische Struktur dafür besonders geeignet, sich einer entbehrungsreichen, aber gut organisierten und strukturierten Missionstätigkeit zu stellen. Die Reformation hatte die Orden und Klöster jedoch aufgelöst und damit die „missionarische Infrastruktur" beseitigt.

Darüber hinaus wurde nicht nur das Mönchs- und Klosterwesen selbst, sondern auch die entbehrungsreiche Askese sowie das verdienstvolle Opfer und das Martyrium für den Glauben aus theologischen Gründen abgelehnt. Doch damit wurden auch die ideologischen Grundlagen der Missionare untergraben, die bereit waren, die Strapazen der Mission in fremden und den Europäern feindlichen Breiten auf sich zu nehmen. Folglich konzentrierte sich die reformatorische Offensive in den ersten beiden Jahrhunderten der evangelischen Tradition wesentlich auf die europäische Welt und die Auseinandersetzung mit der katholischen Kirche, sowie auf die Konsolidierung der eigenen evangelischen Landeskirchen. Während die römisch-katholische Kirche im Sog der Eroberung von Kolonien durch die romtreuen Herrscher von Spanien und Portugal gemeinsam mit Soldaten und Kaufleuten Winkel und Weiten der neuen Welt zu christianisieren suchte, gab es in den protestantischen Kirchen keine wesentlichen missionarischen Aktivitäten.

Es gab noch weitere Gründe, die von der reformatorischen Theologie gegen die Mission geltend gemacht wurden: Warum sollte die Kirche überhaupt Mission in der Fremde betreiben? Warum sollte es neben den Pastoren der evangelischen Kirche noch spezielle Missionare geben? War die Kirche Jesu Christi nicht immer und überall dort, wo das Evangelium von ihren berufenen Dienern gepredigt wurde, missionarisch tätig? Martin Luther selbst war der Meinung, dass die Predigt des Reiches Gottes schon in alle Welt ausgegangen sei, auch wenn sie noch nicht alle Welt erreicht habe. Auch wenn die Kirche nicht in aller Welt sei, würde doch der Missionsbefehl in dem erfüllt, was an Verkündigung geleistet wird, so seine Überzeugung. Deshalb war es nach Luther nicht nötig, neben dem Predigtamt einen besonderen missionarischen Dienst zu entfalten.

Selbstverständlich sei jeder Christenmensch seinem Nächsten das Zeugnis seines evangelischen Glaubens im Alltag schuldig. Das galt für das Leben in irgendeiner evangelischen Gemeinde genauso wie für den Umgang mit Christen anderer Konfession und auch für den Kontakt mit Menschen anderer Religionen. Luther schreibt 1523 in seiner Schrift „Daß eine christliche Versammlung oder Gemeine Recht und Macht habe“: „Wenn der Christ ist an dem Ort, da keine Christen sind, da bedarf es keines anderen Berufs, denn dass er ein Christ ist, inwendig von Gott berufen und gesalbt. Da ist er schuldig, den irrenden Heiden oder Unchristen zu predigen und zu lehren das Evangelium aus Pflicht brüderlicher Liebe, ob ihn schon kein Mensch dazu beruft.“ So könnte man sagen, dass der Verzicht auf eine ausdrückliche und besonders hervorgehobene Missionstätigkeit auch eine natürliche Konsequenz des „Priestertums aller Gläubigen“ ist. Denn: Wo jeder getaufte Christ, egal welchen Beruf oder Stand er innehat, gleichermaßen zum Zeugen des Evangeliums in seinem bürgerlichen Leben gemacht wird, gibt es weder eine besondere Betonung des priesterlichen, noch des missionarischen Auftrags. Der christliche Kaufmann wird ebenso wie der Handwerker in der Fremde zum „Missionar", indem er seinen Beruf recht betreibt und seinen Glauben sichtbar lebt. Darüber hinaus ist keine ausdrückliche Mission beziehungsweise keine Entsendung von Missionaren nötig.

Philipp Melanchthon (1497–1560), enger Vertrauter Martin Luthers, präzisierte die reformatorische Linie und hob hervor, dass die Ausbreitung des Evangeliums keiner Apostel oder irgendwelcher Sonderunternehmungen bedürfe, sondern sich aus eigener Kraft vollzöge. Durch die Mithilfe der Obrigkeit, durch politische Umstände und die Zerstreuung der Christen unter die Heiden, vor allem aber durch die an keine Grenzen gebundene Predigt und den öffentlichen Gottesdienst einer weltweit zerstreuten Kirche würde sich Gottes Wort Gehör und Gehorsam verschaffen.

Auch die reformierte Kirche Huldrych Zwinglis (1484–1531) und Johannes Calvins (1509–1564) sahen im 16. Jahrhundert keine Notwendigkeit missionarische Initiative zu entfalten. Calvin dachte zwar, dass es in Ausnahmefällen immer wieder „Apostel" geben würde, die Menschen zum Glauben rufen und neue Dimensionen von Kirche eröffnen könnten. Aber er war überzeugt, dass das Amt des Apostels und Missionars ein außerordentliches sei, das man nicht in der allgemeinen Ordnung der Kirche vorsehen müsste, „weil es in ordnungsgemäß eingerichteten Kirchen keinen Platz hat".

Abgrenzung und Übergang

So war es in der Folge auch nicht erstaunlich, dass das missionarische Wirken der Täuferbewegung im 16. Jahrhundert von den lutherischen und reformierten Kirchen abgelehnt wurde und die Missionare der Täufer verfolgt und bestraft wurden. Noch zu Anfang des 17. Jahrhundert argumentierte der bekannte Theologe und Liederdichter Philipp Nicolai (1556–1608) in seiner Schrift „De regno Christi", dass der Missionsbefehl Christi einzig auf die urgemeindlichen Apostel beschränkt gewesen sei und die Kirche kein Mandat zur

Weltmission mehr besäße. Allein der jeweilige Landesherr als Oberhaupt der jeweiligen Landeskirche könne zu gegebener Zeit missionarische Initiativen in Angriff nehmen. Im Übrigen betonte auch Nicolai, dass die Kirche im Predigtamt ihren Missionsauftrag voll und ganz erfüllen würde. Johann Gerhard, einflussreicher Zeitgenosse Nicolais, fügte hinzu, dass ein Christ höchstens dann zur Mission verpflichtet sei, wenn er in ein heidnisches Land verschlagen werde und dort genötigt sei, seinen Glauben zu bezeugen.

Die evangelische Zurückhaltung im Blick auf die Mission hat, wie erwähnt, viele und unterschiedliche Gründe. Dabei darf ein weiterer nicht vergessen werden: Es war im Blick auf die vehemente katholische Missionstätigkeit in überseeischen Gebieten auch der antikatholische Affekt, der die Protestanten davon abhielt, sich ernsthaft mit dem Gedanken an eine „Heidenmission" zu beschäftigen. So distanzierte sich die evangelische Seite nicht nur davon, überhaupt die Verpflichtung zur Heidenmission zu haben, man distanzierte sich auch immer wieder deutlich von den Missionsmethoden der katholischen Kirche. Der lutherische Pfarrer Johannes Müller schrieb 1631: „Man darf auch die päpstische Art nicht gebrauchen, solche Leute zu bekehren, und sie mit schrecklicher Marter und Tyrannei zu nötigen und zwingen". Schließlich war man auf protestantischer Seite davon überzeugt, dass zunächst einmal die römisch-katholischen „Heiden" von ihrem Irrglauben befreit werden müssten und diese doch zuerst zum rechten Glauben zu bekehren seien.

Doch trotz der breiten Ablehnung der Weltmission in den Kirchen der Reformation gab es einige wenige zaghafte theologische und praktische Ansätze missionarischen Wirkens, die verständlicherweise immer dort auftauchten, wo der Aufstieg protestantischer Länder zu Kolonialmächten die überseeische Welt in den Gesichtskreis der protestantischen Kirchen rückten. So gab es schon zu Zeiten Calvins in Genf einen ersten Impuls zu einer Brasilienmission. Die Lutheraner in Dänemark setzten alles daran, Island und Grönland nach der militärischen und politischen Eingliederung in ihr Reich auch religiös zu dominieren, und es gab holländische Missionsanfänge in Südostasien. In Württemberg wurden schon 1562 Bibeln in slawischer Sprache gedruckt, um die „Türkenmission" voranzubringen und Herzog Ludwig von

3

Württemberg entsandte 1583 Magister Cleß von Knittlingen in das „Fessanisch Königreich hinter Hispanien“ um die arabische Sprache zu lernen, damit „unsre seligmachende Religion unter diese barbarischen Völker fortgepflanzt möchte werden“. Aber all diese überschaubaren Bemühungen brachten keinen grundsätzlichen Perspektivenwechsel in Sachen Mission. Es waren jeweils sehr begrenzte Aktivitäten von wenigen. Die evangelischen Kirchen als Gesamtheit nahmen davon Abstand.

Die Widerentdeckung der Mission im Pietismus

Erst der Pietismus brachte ein völlig neues Verständnis für den missionarischen Auftrag der Kirche. So forderte der Begründer des Pietismus, Philipp Jakob Spener 1677, Missionare zuzurüsten und auszusenden, und „jeglicher, der unter den Ungläubigen lebet, der ist gebunden, denen, bei denen er ist, das Evangelium zu predigen“. Er schließt seine Ausführungen in einer Himmelfahrtspredigt von 1677 mit den Worten: „Was den Papisten möglich ist, muss uns auch möglich sein, sofern bei uns gleicher Eifer ist und wir nicht das Ansehen gewinnen wollen, dass unserer Kirche nicht das gleiche Recht an der ganzen Welt gebührte“. Speners Zeitgenosse und Freund Christian Gerber geht sogar so weit, der Obrigkeit zu empfehlen, eine Missionssteuer zu erheben und Leidens- und Märtyrerbereitschaft einzufordern, um der Mission zu dienen.

Auch wenn es überraschen mag, so ist in diesem Zusammenhang Gottfried Wilhelm Leibniz (1646–1716), Universalgelehrter, Philosoph und Aufklärer, zu nennen, der sich für das Zustandekommen einer evangelischen Missionsunternehmung in China stark machte. In mehreren Abhandlungen anlässlich der Gründung der „Königlichen Preußischen Akademie der Wissenschaften“ forderte er, „die Herrlichkeit Gottes und das Wohl des Menschen“ durch politische Einflussnahme und besonders durch Verbreitung wissenschaftlicher und kultureller Errungenschaften zu befördern. Immerhin hatte Leibniz einigen Einfluss auf den Pietisten August Hermann Francke, der seit 1706 im Zusammenwirken mit dem Dänischen König die erste planmäßige Missionsunternehmung des deutschen Protestantismus zu Stande brachte und die ersten Missionare in die dänische Kolonie Tranquebar an der Südostküste Indiens entsandte. Ziel der Unternehmung war es, so Francke in seinem „Großen Aufsatz“ von 1704, dass „zu einer allgemeinen Verbesserung in allen Ständen nicht allein in Deutschland und Europa, sondern auch in den übrigen Teilen der Welt alle gehörige Zubereitung gemacht und in kurzer Zeit die ganze Erde mit Erkenntnis des Herrn als mit einem Strom lebendiger Wasser bedecket werde“.

Deutlich ist bei Francke – wie auch schon bei Leibniz – die Verbindung ganz rationaler und sehr emotionaler und von seiner Frömmigkeit geprägter Motive zu erkennen, also die für die Aufklärung in Deutschland typische Verknüpfung von Vernunft und Glaube. Der missionarische Anspruch richtete sich nicht auf „Seelenfang“ und die Unterwerfung unter eine christliche Herrschaft. Gerade im Briefwechsel zwischen dem Pietisten Francke und dem Philosophen Leibniz wird deutlich, dass die „Heiden“ durchaus in Vielem „auf Augenhöhe“ gesehen wurden und durch Gespräch, Bildung und vorbildliches Handeln in ökumenischem Geiste und ohne konfessionelle Enge für das Evangelium gewonnen werden sollten.

Mission und Toleranz

Ökumenische Weite und die Verknüpfung einer sehr lebenspraktischen Frömmigkeit mit rationaler und weltoffener Perspektive prägt auch das Werk von Nikolaus von Zinzendorf, der 1732 die ersten Missionare auf die Karibikinsel St. Thomas entsenden konnte. Dabei knüpft Zinzendorf in seinem Denken durchaus auch an die Theologie der Reformation an. Er kommt aber zu anderen Schlussfolgerungen als Luther und Calvin. Auch er denkt ganz „christozentrisch“: Das reformatorische „Allein Christus“ als Ausgangspunkt und Mitte aller Verkündigung ist auch für ihn bindend. Aber Zinzendorf will mehr als eine Erneuerung des „Leibes Christi“, eine Erneuerung der Kirche seiner Zeit. Auch diese ist ihm ein Herzensanliegen. Aber: Der „Leib Christi“, die Kirche, ist für ihn noch längst nicht vollständig. Die „große Hochzeit", die Verbindung der Seelen mit dem Herrn und Heiland soll weitergehen. Der Kreis derer, die zur „Hochzeit", zum Gottesreich, geladen sind, kann gar nicht weit genug gezogen werden. Zinzendorf spricht in seiner sehr eigenen Sprache vom großen „Seelendurst" Christi. Dabei ist selbstverständlich Christus im Blick auf den missionarischen Dienst der eigentliche Missionar. Er beruft den einzelnen Christen als „Handlanger" in seinen Dienst. Die Missionare haben sich als ganz individuell berufene Boten des Evangeliums in der jeweiligen Situation zu verstehen. So übt auch Zinzendorf große Zurückhaltung, ein allgemeines missionarisches Apostelamt in der Kirche begründen zu wollen und die Mission als notwendigen Teil der Amtskirche zu definieren. Zinzendorf weiß sehr wohl, dass die Mehrheit der Theologen und Funktionäre der evangelischen Kirchen allen missionarischen Bestrebungen immer noch sehr skeptisch gegenüberstehen.

Das, was die Vision Nikolaus von Zinzendorfs in jener Zeit auszeichnete, in der die evangelischen Landeskirchen weder Interesse an sozialen Projekten, noch an Aktivitäten jenseits ihrer Landesgrenzen hatten, war mehr als nur das Anliegen der Verbreitung des Evangeliums in alle Welt. Sein besonderes Anliegen war eine weltweite Mission an den Ärmsten und den verachteten Volksgruppen, „an die sich sonst keiner macht". Er war sich dabei durchaus bewusst, dass eine Mission unter den wenig Privilegierten in den fremden Ländern und Kulturen keine große Zahl von Bekehrungen bedeuten würde, dass man sich unter den Außenseitern in der Fremde „mit dem Kirchenmachen nicht übereilen konnte" und dort keine Maßstäbe anlegen durfte, die man aus der eigenen Kirche und Frömmigkeit mitbrachte. Deshalb gibt er seinen Missionaren ausdrücklich den berühmt gewordenen Satz mit auf den Weg: „Messt die Seelen nicht mit der Herrnhuter Elle." Das ist eine klare Anweisung, in Fragen der Liturgie und Frömmigkeit, aber auch im Blick auf Lebensgewohnheiten und Umgang mit den Menschen deren Lebenswelt zu berücksichtigen. Das Entscheidende für Zinzendorf war nicht die Vermittlung einer europäischen Lebens- und Denkweise, eines europäischen Lebensstils und abendländischer Traditionen, sondern das Evangelium, der Glaube an Christus Jesus als Sohn Gottes und Erlöser. Zinzendorf hielt seine Missionare in seinen Missionsinstruktionen zum Beispiel dazu an: „Seht euch um, wie es aussieht. Fasst das Herz Jesu und rührt durch das dasselbe das Herz des Vaters über das Land, wo ihr hingeht. Mengt euch unter keinerlei Vorwand ins äußerliche, als dass ihr arbeitet." So soll es den Missionaren um nichts anderes gehen, als allein darum, die Freude am Heiland, dem guten Herrn, unter die Menschen zu bringen. Ausdrücklich warnt er davor, äußerlich beeindrucken zu wollen oder Menschen wirtschaftlich abhängig zu machen. Es darf nicht dazu kommen, dass sie des Geldes wegen oder der Geschenke wegen zur Gemeinde kommen oder die Taufe begehren.

Hoffnung und Hilfe für die Schwachen

Das ist das Wegweisende an Zinzendorfs Missionsverständnis, dass er sich nicht in erster Linie an die Mächtigen und Gebildeten, an die Einflussreichen in Religion und Kultur in der Fremde wenden wollte. Die Mission, die er anregte, sollte die suchen und finden, die „der Welt nichts oder wenig galten". Ein „Kammermohr" des dänischen Königs hatte bei einem Gemeindeabend in Herrnhut durch seinen Bericht über die geistliche und soziale Not der Sklaven auf den Zuckerrohrinseln der Karibik Zinzendorf wesentlich beeinflusst. Und so waren es diese Sklaven in der Karibik, zu denen Zinzendorf seine ersten Missionare aussandte. Immer ging es Zinzendorf darum, sich an die Menschen zu wenden, die noch kein anderer mit der guten Nachricht vom Erlöser Jesus Christus erreicht hatte. Er schreibt: „Wir suchen Erstlinge aus den Nationen, und wenn wir deren zwei bis vier haben, so überlassen wir sie dem Heiland, was er durch sie tun will."

Es konnte also nicht darum gehen, kirchliche Expansion zu betreiben oder staatliche Expansion zu unterstützen. In den Missionsanweisungen heißt es ausdrücklich: „Einen fröhlichen und munteren Geist zu zeigen und im Geringsten nicht äußerlich über die Heiden zu herrschen, sondern mit Geisteskraft sich in Respekt bei ihnen zu setzen, dem äußern nach aber sich soviel als möglich unter sie zu demütigen." Anders als andere Missionare sollten sich seine Leute „mit den Heiden gemein machen". Selbstverständlich bedeutete das für Zinzendorf auch den Verzicht auf jegliche Form von Druck oder Gewalt in der Mission. Wie Christus die Kreaturen ohne Zwang und ohne ihnen Gewalt anzutun bekehrt hat, so sollen es seiner Ansicht nach auch die tun, die in seiner Nachfolge stehen. In diesem Zusammenhang ist auch seine Vorgabe zu verstehen, nicht nur einige Wochen oder Monate, sondern sich auf etliche Jahre in den Missionsgebieten einzurichten, um die Menschen kennenzulernen und zu verstehen, um vor allem ihre Sprache zu lernen, um sich selbst menschlich zu erweisen und das Vertrauen im Gespräch zu gewinnen und um schließlich zu erkennen, „wen der Herr zubereitet hat, das Evangelium anzunehmen". Denn das war Zinzendorfs Grundsatz: Mission beginnt nicht am Nullpunkt. Die Völker wissen etwas von Gott, sie haben auch Moral und Kultur, allein die Verkündigung der Erlösung durch Jesus Christus schulden wir ihnen.

Für Zinzendorf haben Mission und Toleranz ihre Wurzel im Kreuz Christi, weil die christliche Wahrheit nie triumphierend auftreten könne. Sie ist leidende Wahrheit, und es ist auch das Mitleid, das die Menschen zu Christus bringt. Indem die Menschen auf Christus „schauen", wird ihr Herz bewegt. Indem sie durch die menschliche, geschwisterliche Zuwendung und Ansprache bewegt werden, können die Menschen Christus „mit dem Herzen" schauen. Und darum geht es.

Glaubwürdig sein

Zinzendorf will in der Mission auf jeglichen Machterweis des christlichen Glaubens verzichten. Er will auch nicht durch Vernunft überzeugen, sondern Glaubwürdigkeit und das „einfältige" Erzählen der evangelischen Wahrheit soll die Menschen bewegen. So gibt es auch keine dogmatischen Vorgaben oder moralische Vorhaltungen. In dieser Weise versucht Zinzendorf in seiner Anweisung für die Mission, die reformatorische Lehre von der Rechtfertigung allein aus Glauben umzusetzen. Er schafft keinen Erfolgsdruck. Nicht die große Zahl der Bekehrungen ist entscheidend. Lauter freiwillige Zuhörer sollen es sein, deren

Herz der Heilige Geist bereitet hat. Und noch eine Besonderheit: Zinzendorf untersagt seinen Leuten, dort zu missionieren, wo andere christliche Missionare schon tätig sind oder waren. Er will keine christlichen Konkurrenzunternehmungen aufbauen und warnt seine Missionare in der „Instruction an alle Heidenboten“ 1738, „die geringsten Händel mit den Geistlichen anzufangen“, und mit den Geistlichen meint er auch die Vertreter der anderen Religionen.

Nikolaus Graf von Zinzendorf entsandte mit diesen Vorgaben Missionare zu den Sklaven der Westindischen Inseln, nach Südafrika und Nordamerika und zu den Ureinwohnern in Grönland. Er förderte die Juden- und die sogenannte Zigeunermission und unterstützte evangelische Minderheiten in der Diaspora. Er hielt seine Mitarbeiter stets dazu an, die Obrigkeit des Landes zu respektieren, in dem sie lebten und arbeiteten. Zinzendorf war sicher kein geistlicher Aufrührer und wollte durch seine Zuwendung zu den Armen und Unterdrückten keine sozialen Veränderungen provozieren. Aber allein dadurch, dass seine Missionare den gedemütigten und kleingehaltenen Menschen die Menschenwürde und Gotteskindschaft zusprachen, änderte sich deren Lebenssituation und Selbstbewusstsein und sie erlangten nach und nach sogar eine gewisse Emanzipation. In den Herrnhuter Gemeinden wurden alle, egal welcher Herkunft und welchen Standes, Brüder und Schwestern genannt und jedes Mitglied der Gemeinde konnte in die Gemeindeleitung aufsteigen. Jedes Mitglied, egal welchen Standes, wurde auf Gewaltlosigkeit verpflichtet, auf Arbeit, Fleiß und Genügsamkeit. Das alles war im Zeitalter des Barock durchaus nicht selbstverständlich.

Wenn auch manches von dem, was Zinzendorf lehrte und formulierte, uns heute seltsam erscheinen mag, so ist doch bemerkenswert, wie er Gedanken der Reformation und der Aufklärung miteinander verband, die Kraft kirchlicher Gemeinschaft und das Recht auf Individualität. Und wenn auch die von Zinzendorf ins Leben gerufene Herrnhuter Mission an manchen Orten scheiterte und an anderen Orten nicht die Früchte und Formen hatte, die sich ihr Begründer vorgestellt hatte, so ist es doch erstaunlich, wie er Mission und Toleranz in seinem Konzept verband, wie er Entschiedenheit und Rücksicht, Offenheit und Klarheit verknüpfte.

③ Eine neue Gemeinschaft

Mission wird heute aus historisch verständlichen Gründen oft mit einem westlichen „Religionsimperialismus" gleichgesetzt. Die Behauptung, dass christliche Mission rücksichtslos und gewalttätig vorgegangen sei, hat ihre Berechtigung. Allerdings gilt das für Zinzendorfs Mission sicher nicht. Er verpflichtete seine Missionare auf Respekt und Toleranz gegen die Menschen, auf die sie treffen würden sowie ihre Kulturen und Religion. Jegliche Form von Druck oder gar Gewalt schloss er aus, ja selbst intellektuell und argumentativ sollten seine Leute nicht dominieren. Das Gespräch und die Seelsorge sollten entscheidend, das eigene Leben und das Erzählen sollten einnehmend und gewinnend sein. „Fangt nicht mit öffentlichen Predigten an, sondern mit Zuspruch bei einzelnen Seelen", schrieb er und mahnte immer wieder zu Rücksicht und Verständnis für die Menschen in ihrer Situation. Sicher: Zinzendorf war überzeugt davon, dass Christen den Heiden die frohe Botschaft von der Erlösung durch Christus schuldig sind. Aber es ist bei ihm keine Überheblichkeit zu finden. Er sieht die christliche Kultur und Gesellschaft nicht als höher stehend und berechtigt, andere zu dominieren. Für Zinzendorf war die Tatsache, dass die Welt durch Entdeckungen und Erfindungen „größer" geworden war, Verpflichtung, die Verbreitung des Evangeliums voranzutreiben. Doch es war für ihn selbstverständlich, dass Gott nicht alle Menschen in gleicher Weise erreichen und „erziehen" wollte.

Selbstverständlich machte sich Zinzendorf mit seinem Denken und seinen Initiativen nicht nur Freunde. Die „Herrnhuter Brüdergemeine" wurde wegen ihrer undogmatischen und lebenspraktischen Ausrichtung als Angriff und Verwässerung reformatorischer Rechtgläubigkeit angesehen. Dass Zinzendorf auch die traditionellen landeskirchlichen Strukturen infrage stellte und dass er nicht nur selbst theologischer Laie war, sondern in seinen Kreisen auch ausdrücklich den Laien gegenüber Theologen und Pfarrern mehr Gewicht gab, machte ihn ungewollt zum Aufrührer, der mehr als einmal im Streit mit der Obrigkeit des Landes verwiesen wurde. Und so wurde er, der doch als Ziel eine größere Einheit der Kirche im Auge gehabt hatte, letztlich zum Begründer einer neuen „Kirche", der Brüdergemeine.

In England wurde die Brüdergemeine 1749 vom Parlament anerkannt und London erschien Zinzendorf auch der richtige Ort als Sitz seiner seit 1732 weltweit agierenden Missionsgesellschaft, die – und das ist in der Geschichte der christlichen Mission ein Novum – ohne Unterstützung durch Staat und Kirche als unabhängige Laiengemeinschaft missionarisch aktiv wurde. Zinzendorfs Missionare und die, die später in ähnlicher Weise ausgesandt wurden, waren vorzugsweise Handwerker, Bauern und Arbeiter, einfache Menschen ohne staatliche und kirchliche Machtmittel, um Missionserfolge zu erzwingen. Ein schwäbischer Töpfer und ein Zimmermann aus Mähren zogen als erste im Auftrag der Herrnhuter Gemeinschaft aus. Die Handwerksarbeit sollte den Missionaren vor Ort ihre wirtschaftliche Unabhängigkeit sichern und zugleich Kontakte und Vertrauen schaffen. Bis zu Zinzendorfs Tod waren es 226 Missionare, die in seinem Sinne die Arbeit aufnahmen. Bis heute sind es 3500, die sich dem Herrnhuter Missionsideal verpflichtet haben. Das Ergebnis: 70 Prozent der 825 000 Mitglieder der weltweiten Brüder-Unität, wie sich Zinzendorfs „Jünger“ auch nennen, leben heute in Afrika, 90 Prozent der Mitglieder sind nichtweißer Hautfarbe. Die Herrnhuter Brüdergemeine ist eine kleine, aber sehr aktive, weltweit vernetzte christliche Gemeinschaft, die sich auf Grund der Gedanken und Ziele Zinzendorfs der Ökumene verpflichtet weiß.

Nikolaus Graf von Zinzendorf war ein unruhiger Geist, unermüdlich unterwegs, getrieben vom Wunsch nach kirchlicher Erneuerung und Verkündigung der frohen Botschaft. Da er mit seinen Anliegen, konfessionelle und geografische Grenzen zu überwinden, seiner Zeit weit voraus war, musste er sich mit erheblichem Widerstand auseinandersetzen. Weder das Anliegen der Ökumene, noch das der Weltmission wurde von breiten Kreisen der damaligen Gesellschaft mitgetragen. Beide Gedanken aber machen Zinzendorf und seine Mitstreiter zu Vorreitern einer Christenheit, die nicht gegeneinander, sondern miteinander Verantwortung in der Welt wahrnimmt. Seine Theologie der Empfindsamkeit und der persönlichen Hingabe war Kontrastprogramm in einer Zeit, die sich anschickte, die Vernunft zu vergötzen. Er verstand es, Glauben und Toleranz zu verbinden, Tradition und Emanzipation.

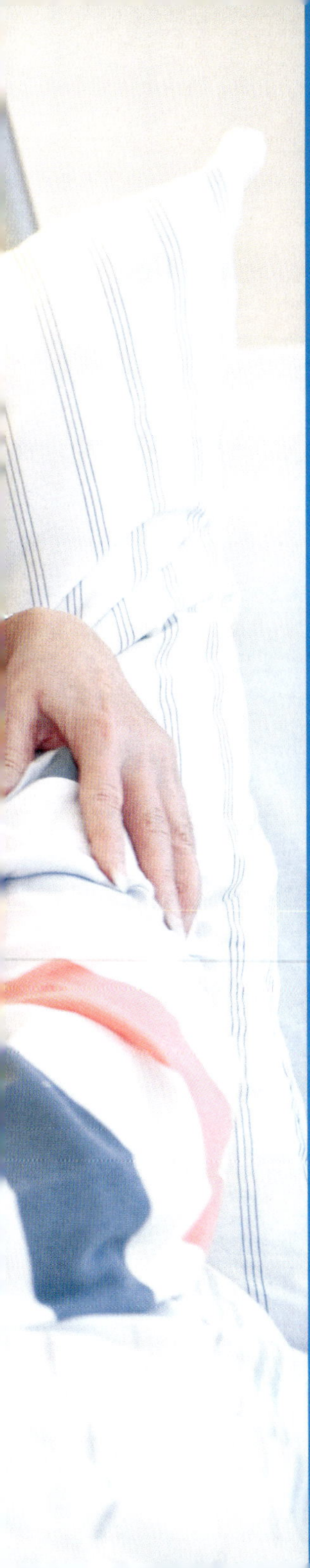

Beten und zupacken, lehren und heilen

Amalie Sieveking, Hamburg und die Diakonie

4 Diakonische Impulse aus Hamburg

Wenn wir heute von Diakonie sprechen, denken wir an Krankenhäuser und Kindergärten, an Beratungsstellen und Therapieeinrichtungen. Diakonie, das ist für uns heute Inbegriff der ganzen weitgefächerten Möglichkeiten sozialer Mitverantwortung der evangelischen Kirchen in enger Zusammenarbeit mit dem modernen Sozialstaat. Diakonie ist für uns institutionalisierte und spezialisierte Nächstenliebe, um den Nöten unterschiedlichster Menschen gerecht zu werden. Wer aber aus der Geschichte der Diakonie erzählt, wird zuerst einmal von ganz kleinen mutigen Anfängen erzählen müssen, von kleinen Gemeinden und einzelnen Christen, die es wagten, der alltäglichen Not und dem allgegenwärtigen Elend zu trotzen. Die es nicht einfach hinnehmen wollten, dass Hungernde hungrig und Verlassene einsam blieben. Die Geschichte der Diakonie ist, wie dieses Kapitel zeigen wird, immer ein Teil der Kirchengeschichte: zu Zeiten sehr eng mit der Kirche verknüpft und manchmal auch nur lose mit ihr verbunden. Zugleich ist die Geschichte der Diakonie aber eng verknüpft mit der jeweiligen Gesellschaft und ein Spiegelbild ihrer sozialen Verhältnisse.

Ein Blick auf die Geschichte der evangelischen Diakonie seit der Reformation macht sehr schnell deutlich, dass in Hamburg immer wieder beispielhaft Diakonie realisiert wurde. Im 16. Jahrhundert wurden unter der Leitung des Reformators Johannes Bugenhagen (1485–1558) vorreformatorische Strukturen in ein vorbildliches städtisches Sozialwesen umgewandelt, die langfristig Hilfe bot. Inspiriert durch holländische Vorbilder, gründete Hironymus Paßmann 1683 eine Armenschule in der Hansestadt, die zum Beispiel August Hermann Francke (1663–1727), zu dessen diakonischem Handeln anregte. Das System der Hamburger Armenpflege war auch für das 18. Jahrhundert vorbildlich und wurde selbst von Napoleon anerkannt und toleriert. Im 19. Jahrhundert ist Amalie Sieveking (1794–1859) eine wegweisende Persönlichkeit für die Armen- und Krankenpflege, die Erziehung und Berufsbildung Bedürftiger. Sie ist dies auch für Johann Hinrich Wichern (1808–1881), der wohl sehr viel bekannter ist, aber schon allein dadurch in Abhängigkeit zu Amalie Sieveking steht, weil sie sein Theologiestudium finanzierte.

Amalie Sieveking ist charakteristisch für das bürgerliche diakonische Engagement in der Zeit der industriellen Revolution und der daraus folgenden Veränderungen. Aber sie ist auch in besonderer Weise Protagonistin der weiblichen Diakonie und damit Vorreiterin einer entscheidend veränderten Rolle der Frau in der evangelischen Kirche, wie auch in der Gesellschaft des 19. Jahrhunderts allgemein. Zwar hatten die Frauen von Anbeginn der Kirchengeschichte immer einen großen Anteil am diakonischen Geschehen, aber im 19. Jahrhundert bedeutete Amalie Sievekings sehr eigenständige Arbeit in Hamburg einen besonderen Impuls zu einem von den Frauen selbstbestimmten Engagement in der Sozialarbeit. Sie schuf eine Struktur, in der Frauen nicht nur die praktische Arbeit leisteten. Amalie Sieveking legte auch Wert darauf, dass ihr „Weiblicher Verein für Armen und Krankenpflege" von einer Frau geleitet wurde. Selbstbewusst schrieb sie: „Das Bedürfnis, einen Mann an die Spitze des Ganzen zu stellen, wird von uns … nicht empfunden" und so leitete sie selbst 27 Jahre den von ihr gegründeten Verein. Theodor Fliedners Angebot, eine leitende Stelle in der von ihm etwa zur gleichen Zeit begründeten Diakonissen-Einrichtung in Düsseldorf-Kaiserswerth zu übernehmen, lehnte sie ab.

Vermutlich war nur eine selbstbewusste Hamburger Patriziertochter in der Lage, in dieser Weise aufzutreten, so wie wohl auch nur eine Hamburger Patriziertochter auf die Idee kommen konnte, arbeitslose Männer anzuheuern, um Kinder aus Hinterhoffamilien in Kinderwagen auszufahren, die sie zu diesem Zweck hatte anfertigen lassen. Den Müttern schaffte das ein wenig Freiraum, den Männern einen kleinen Verdienst und die Kinder aus den Elendsquartieren kamen an die frische Luft.

Mutig ging Amalie Sieveking an die Öffentlichkeit, um Frauen eine diakonische Tätigkeit zu eröffnen. Sie war überzeugt davon, dass viele Damen der besseren Gesellschaft unterfordert und unselbstständig seien und nur darauf warteten, eine sinnvolle Tätigkeit zu übernehmen. Ein solcher Schritt stand ihr als unverheirateter und mit wenig finanziellen Mitteln ausgestatteter Frau eigentlich nicht zu. Sie hätte abwarten müssen, bis eventuell ein Mann auf eine solche Idee kam und die Initiative ergriff. Aber Hamburg und Amalie Sieveking machten es möglich, nicht nur weil die Aktion dieser jungen Frau hier geduldet wurde, sondern auch deshalb, weil sie unter ihren betuchteren Mitbürgern immer wieder Sponsoren fand, die bereit waren, ihre Ideen zu finanzieren.

Wenn es um den Mut von Amalie Sieveking geht und ihre selbstverständliche Art, die gesellschaftliche Norm zu überschreiten ohne aufrührerisch zu sein, darf ihre schriftstellerische Tätigkeit nicht vergessen werden. Sie hat zwar nicht wie Johann Hinrich Wichern eine Theorie der Diakonie oder, wie er sagte, der „Inneren Mission" entwickelt, aber immerhin als Nichttheologin die Heilige Schrift kommentiert. In ihren „Betrachtungen über einzelne Abschnitte der Heiligen Schrift" wagte sie es, auch in diese Männerdomäne der Bibelauslegung einzudringen. Dabei sollte es doch noch fast ein Jahrhundert dauern, bis Frauen zum Theologiestudium zugelassen wurden.

Diakonie von Anfang an

Wie auch die Mission immer schon Teil der christlichen Tradition war, aber im 17. Jahrhundert in charakteristischer Weise in der evangelischen Kirche erneuert wurde, so ist auch die Diakonie keine Erfindung des 19. Jahrhunderts und wurde auch nicht erst von Amalie Sieveking begründet. Die besonderen gesellschaftlichen und geistigen Voraussetzungen des 19. Jahrhunderts führten jedoch zu einer Wiederentdeckung der Diakonie, wie sie noch heute Grundlage unseres Handelns und Denkens ist. Sie wurde als eine herausragende Dimension für das kirchliche Handeln in der industrialisierten Gesellschaft mit ihren besonderen Lebensumständen erkannt. Zugleich wurde die Diakonie zu einem für die Gleichberechtigung der Frau in Kirche und Gesellschaft bedeutsamen Lebensbereich. Zu diesem Veränderungsprozess leistete Amalie Sieveking ihren besonderen Beitrag.

Das diakonische Handeln, die barmherzige Zuwendung zu den Geschwistern in Not, war immer ganz selbstverständlich ein Kennzeichen der christlichen Gemeinden. Schon die ersten Christen im Römischen Reich machten auch dadurch auf sich aufmerksam, dass sie sich fürsorglich um Gemeindemitglieder in Not kümmerten. Der römische Kaiser Julian Apostata, der nach Kaiser Konstantins Privilegierung des Christentums von 361–363 n. Chr. noch einmal versuchte, das Christentum zurückzudrängen, bevor es dann schließlich zur vorherrschenden Religion im gesamten Römischen Reich wurde, wies seine Leute an, besonders hinsichtlich der Diakonie den Christen nachzueifern, wenn sie den alten römischen Traditionen und Göttern wieder Ansehen und Geltung verschaffen wollten.

Die Apostelgeschichte des Lukas, welche die ersten Jahre der Entwicklung der christlichen Gemeinden widerspiegelt, berichtet, wie selbstverständlich die „Urgemeinde" ihren Dienst an den Menschen nicht nur in der Verkündigung des Evangeliums, sondern immer auch in der Sorge um das leibliche und materielle Wohlergehen der Gläubigen sah. In der Nachfolge Jesu ging es auch um den finanziellen Ausgleich und das tägliche Brot, und es ging um Heilung von körperlicher und seelischer Krankheit. Wenn immer wieder vom „Brotbrechen" als Zeichen des gelebten Glaubens die Rede ist, dann ist damit mehr als unser heutiges gottesdienstliches Abendmahl zu verstehen. Mit „Brotbrechen" ist immer auch die praktische Verantwortung dafür gemeint, dass durch die geschwisterliche Sorge der Mitchristen alle in der Gemeinde Anteil am Leben und den Lebensmitteln haben sollen. Das bedeutet diakonisches Handeln.

Damit das auch praktisch funktionierte, wurde das Amt des Diakons eingeführt, wie in Apostelgeschichte 6 zu lesen ist. Dort wird erzählt, wie ein Konflikt um die Fürsorge für mittellose Witwen dazu führte, dass die Gemeinde in Jerusalem „Armenpfleger" wählte, die ebenso verantwortlich und gemeindeleitend wirken sollten, wie das die Apostel im Blick auf Gebet und Verkündigung taten oder wie das an anderer Stelle von den „Bischöfen" erwartet wurde. Nicht anders als in der Praxis Jesu sollte auch in seiner Nachfolge die Sorge um das leibliche Wohl der Menschen Teil der Verkündung des Reiches Gottes sein.

Die Sorge um die Witwen und Waisen war in erster Linie Aufgabe der christlichen Nächstenliebe, hinzu kam die Betreuung alter, kranker und arbeitsunfähiger Gemeindemitglieder und solcher, die gefangen, zur Zwangsarbeit verurteilt oder Sklaven waren. Darüber hinaus war die Gastfreundschaft eine wichtige Aufgabe der Diakonie. Dass der Dienst am Nächsten auch sonst über die Gemeindegrenzen hinaus geleistet wurde, zeigt sich daran, dass sich auch die Gemeinden untereinander unterstützten, vor allem in Notzeiten, bei Naturkatastrophen und Epidemien.

Besonders geschätzt wurden die Christen in der römischen Gesellschaft dafür, dass sie auch Menschen, die keiner christlichen Gemeinde angehörten, ein ordentliches Begräbnis zukommen ließen. Es war eine menschliche Geste, die ansonsten vielen verweigert wurde. Finanziert wurden diese „Dienstleistungen" aus Spenden der wohlhabenderen Gemeindeglieder, die von den Diakonen verwaltet wurde. Um 250 n.Chr. waren die Christen in Rom immerhin in der Lage, etwa 1500 Hilfsbedürftige zu versorgen. Eine stolze Zahl für die damals noch kleine Gemeinde. Dabei wirkten von Anfang an auch Frauen im diakonischen Amt mit. Anfangs waren es vor allem Witwen, später die ehelosen „Jungfrauen", die eine feste Größe im diakonischen Wirken der Gemeinde darstellten und die dort ihren Dienst taten, wo die gesellschaftlichen Spielregeln männliche Helfer unmöglich machten.

Durch die Gründung von Frauenorden und -klöstern in der Folgezeit blieben die Frauen eine feste Größe im sozialen Handeln der Kirche, und wie bereits angedeutet, waren es auch Frauen, die in späteren Zeiten und in der evangelischen Tradition entscheidende Impulse für das diakonische Handeln gaben.

Neue Dimensionen der Diakonie

Als der christliche Glaube im 4. Jahrhundert n. Chr. Staatsreligion wurde, bedeutete das nicht nur mehr Ansehen und Vermögen, mehr Rechte und einen gewaltigen Zustrom an Mitgliedern für die Kirche. Zugleich musste die christliche Fürsorge für weite Teile der Bevölkerung organisiert werden. Diakonisches Handeln konnte nicht mehr in den alten Strukturen bewältigt werden. Das „Brotbrechen" und die persönliche Zuwendung zu den Bedürftigen im Rahmen der Gemeinde reichten nicht mehr. Wohlfahrtsanstalten im großen Stil entstanden, um den gesellschaftlichen Bedürfnissen einigermaßen gerecht zu werden. Schenkungen, Erbschaften und die Einführung des „Zehnten“, also einer Form von Kirchen- und Sozialsteuer, machte die Kirchen vermögend genug, um materiell Hilfe zu leisten. Die Stärkung der asketischen, mönchischen Ideale und zahlreiche Klostergründungen schufen die personellen Voraussetzungen für eine wirksame Diakonie, die selbst in den Wirren der Völkerwanderung und ihrer politischen und sozialen Umbrüche funktionierte. Vor allem das augustinische Mönchtum, das die Pflicht zur Arbeit dem täglichen Gebet verbindlich zuordnete, führte zu einem Schub an karitativen und sozialen Einrichtungen, die an die Klöster angegliedert und von Mönchen oder Nonnen mit Leben erfüllt wurden.

So ist die Diakonie des Mittelalters nur noch am Rande eine Sache der Gemeinden. Die Nächstenliebe wurde im Wesentlichen von den Gemeinden an die Klöster und Orden delegiert, in späteren Jahren auch an die zahlreichen Bruderschaften, die sich dem Dienst am notleidenden Nächsten verschrieben. In diesem Zusammenhang sind auch die Beginen zu nennen, unverheiratete Frauen, die genossenschaftlich organisiert waren und geistliches Leben mit Krankenpflege verbanden, ohne in einem Kloster zu leben. Aber es gab auch bürgerliche, städtische Stiftungen und Gemeinschaften, die in christlicher Tradition dazu beauftragt und materiell ausgestattet wurden, dass sie durch Armenspeisungen, Hospize und andere geeignete Maßnahmen die christliche Nächstenliebe mehr oder weniger flächendeckend wahrnehmen und die Not großer Teile der Bevölkerung lindern konnten.

Nicht zu vergessen ist auch die Bedeutung des Bettelns als Teil der gesellschaftlichen Ordnung. Es war die unerhörte Armut Unzähliger, die sie zu Bettlern machte. Daneben entstanden „Bettelorden“, die vom Betteln lebten und das Almosennehmen und -geben zum „Guten Werk“ erklärten, das ein Christ tun konnte, um sein Seelenheil zu erlangen. So hatte der Mensch tüchtig Gelegenheit, etwas für sein Seelenheil zu tun. Das Betteln wurde mancherorts sogar steuerpflichtiges „Gewerbe“, das zeitweise ein Viertel der Bevölkerung einiger Städte ausübte, damit die anderen Christenmenschen ihre Mildtätigkeit auch an die Frau und den Mann bringen konnten.

Diakonie und Reformation

Doch auch hier ist es die Reformation, die die Situation radikal verändert hat: Die Klöster und Orden wurden abgeschafft und damit die Institutionen, die sich bis dahin vorzüglich um diakonische Arbeit bemüht hatten und die dies auf katholischer Seite auch weiterhin und sogar in zunehmendem Maße bis heute tun. In der evangelischen Theologie wurde aber nicht nur „die Möncherei" verworfen, sondern auch der Gedanke, der Mensch könne sich zum einen, indem er sich zum Bettler macht, zum anderen, indem er milde Gaben austeilt, das Himmelreich verdienen.

Darüber hinaus entwickelte sich eine veränderte Einstellung zur Arbeit. War das Mittelalter noch stark davon geprägt, die Arbeit als eine „Strafe Gottes" anzusehen, als eine üble Folge der Vertreibung aus dem Paradies, so stand nun ein ganz anderer Gedanke im Vordergrund: Die Arbeit wurde als ein Mitwirken des Menschen an Gottes schöpferischem Handeln angesehen, und er sollte als Haushalter Gottes in seiner Arbeit Erfüllung finden. Luthers „Priestertum aller Gläubigen" machte das Tagwerk der Handwerker und Bauern, der Kaufleute und Soldaten zum „priesterlichen Dienst" von gleicher Wertigkeit und Bedeutung wie das Amt des Pfarrers oder Lehrers. Jeder sollte an seinem Ort und in seinem Geschäft Zeuge des Evangeliums Jesu Christi sein, aber auch selbstverständlich Barmherzigkeit und Nächstenliebe üben. Keiner dürfte darauf aus sein, von der Mildtätigkeit anderer zu leben. Jeder müsse nach Kräften danach streben, seine Existenz von der eigenen Arbeit zu bestreiten. Weder sollten die Reichen müßig gehen, weil sie es nicht nötig hätten zu arbeiten, noch sollten die Armen untätig oder arbeitslos sein, sondern der Gemeinschaft in irgendeiner Form dienen, um sich ihr Brot zu verdienen.

Im Grunde finden wir bei Luther auch den Ruf zur Rückkehr zur Gemeindediakonie der frühen christlichen Gemeinden. In seinen Abendmahlsschriften betont er die zwischenmenschliche Verbindlichkeit, die aus der Abendmahlsgemeinschaft erwächst. Das „Brotbrechen" soll wieder mehr sein, als ein religiöser Ritus und kultische Gemeinschaft. Es soll auch wieder soziale Verbindung und Verantwortung bedeuten, die die Christen haben. Das Almosengeben und Almosen unter die Armen verteilen wird als Teil des Gottesdienstes verstanden und nicht als Extra oder Anhängsel, das die Kirche sich je nach Gutdünken leistet oder das sie auch sein lassen kann.

Diakonie wird weltlich

Das evangelische Gemeindevermögen, das anfänglich durch die Auflösung von Klöstern und kirchlichem Erbe gebildet werden konnte, sollte nicht nur der Besoldung des Pfarrers dienen, sondern auch der Fürsorge und tätigen Nächstenliebe, wenn etwa Kinder, Gebrechliche oder Menschen mit Behinderung unterstützt werden mussten. In Hamburg führte das sehr früh zu einem funktionierenden Miteinander kirchlicher und bürgerlicher Verantwortung. 48 ehrenamtliche Diakene und 144 Subdiakene verwalteten zusammen mit den Ratsherren den Schatzkasten, aus dem die Sozialhilfe bestritten wurde. Auch Wittenberg und Nürnberg sowie viele andere Städte hatten seit der Reformationszeit Beutel- oder Kastenordnungen, die den diakonischen Dienst regelten. In Straßburg setzte sich Martin Bucer (1491–1551) in besonderer Weise für die Wiedereinführung des Diakonenamtes ein, um sicher zu stellen, dass alle Nöte in der Gemeinde auch Linderung erfahren könnten. Ziel war es überall, durch die Armenpflege der Gemeinden, die persönliche Kenntnis der Lebensumstände und durch entsprechende Maßnahmen den Straßenbettel abzuschaffen. Dabei wurden auch Vorkehrungen gegen Massennöte und vor allem immer auch Bildungseinrichtungen aus dem Gemeindefond finanziert.

Allerdings erachtete man auch die Diakonie mehr und mehr als Aufgabe der Landesherren, da die evangelischen Kirchen diesem unterstanden und er bischöfliche, also kirchenleitende Funktion hatte. Die Landesherren übernahmen diese Pflicht gerne – nicht nur aus christlicher Verantwortung, sondern auch, weil damit Macht und Einfluss verbunden war. Sie beriefen die Pfarrer, hatten die Baupflicht für die Kirchen und kümmerten sich um das Schulwesen. Sie übernahmen auch die Regie hinsichtlich der Armen- und Krankenpflege, sowie der Hilfe für Waisen und Behinderte. Rasch wurde entgegen ganz anderer Absichten in der Frühzeit der Reformation und ganz anderer Fürsorge-Modelle die Sozialarbeit zur landesherrlichen Aufgabe und damit abgekoppelt vom Kirchen- und Gemeindegeschehen. Kirche und Diakonie drifteten auseinander. So wie im Mittelalter – und in katholischen Ländern auch nach der Reformation – die Klöster und Orden ihrer Aufgabe einigermaßen nachkamen, karitativ zu wirken, so taten dies in evangelischen Regionen nun die Landesherren als Kirchenpatrone. Sie begründeten Institute und trafen Maßnahmen gegen alles Elend in ihrem Herrschaftsbereich.

Der „alte“ Gedanke der von der Gemeinde selbst verantworteten und gestalteten Diakonie blieb jedoch in den evangelischen Freikirchen und Flüchtlingsgemeinden lebendig, die ihre soziale Verantwortung nicht an einen Landesherren delegieren konnten. Ebenso auch im reformierten Holland, wo das Diakonat der Frauen in besonderer Weise gepflegt wurde.

Die Wiederentdeckung der Diakonie

Pietismus und Aufklärung sind auch im Blick auf die Diakonie entscheidend für ein neues evangelisches Verständnis und eine Neubelebung der kirchlichen Fürsorge. 1695 gründet August Hermann Francke seine erste Armenschule. Vorbild war eine Einrichtung, die einige Jahre zuvor in Hamburg eröffnet wurde und von ähnlichen Unternehmungen in Holland inspiriert war. Francke ging es weniger darum, die Diakonie als Teil der christlichen Gemeindepraxis wiederzubeleben, sondern er wollte vielmehr „eine sehr große und weit und breit sich erstreckende Verbesserung des gemeinen Wesens … in ganz Europa und allen übrigen Teilen der Welt“. Ein „Aufbruch christlicher Weltgestaltung“ war das Ziel, und alle Lebensbereiche sollten miteinbezogen werden, um gegen Armut und alle Formen unsittlichen Lebens vorzugehen. Diakonie sollte grenzüberschreitend missionarisch und pädagogisch weltverändernd wirken und war bei Francke dem Pietismus und der Aufklärung gleichermaßen verpflichtet.

Auch die Herrnhuter Brüdergemeine von Nikolaus Graf von Zinzendorf strebte dieses Ziel an, dass sich die wahre christliche Gemeinde doch durch das rechte Leben mehr hervortun sollte als im nicht endenden Streit um die rechte Lehre. Neben Krankenpflege, Alters- und Invalidenfürsorge sollten Schulen und Wirtschaftsbetriebe dazu führen, dass sich durch Bildung und christliche Lebensordnung, durch Werkstätten und Vorsorge die Lebensverhältnisse in diesen evangelischen Einrichtungen beispielhaft für alle Beteiligten verbessern würden. Nicht nur die Seele des einzelnen Christenmenschen sollte gerettet werden, sondern auch die Lebensumstände durch den Glauben heil werden. Johann Friedrich Oberlin (1740–1826) realisierte in seiner elsässischen Dorfgemeinde dieses Ideal, indem er den Kindergarten „erfand" und Armenhilfe und Wirtschaftsplanung in seiner Wohn- und Kirchengemeinde gleichermaßen betrieb, das Diakonat erneuerte und ein überzeugendes Beispiel diakonischer Möglichkeiten auf gemeindlicher Basis zu geben in der Lage war.

Der Einschnitt der Industrialisierung

Oberlin konnte jedoch in seinem Wirkungskreis noch von einigermaßen intakten dörflichen und kleinstädtischen Sozialstrukturen ausgehen, trotz der inzwischen eingetretenen gesellschaftlichen Veränderungen nach der französischen Revolution. Eine ganz neue Situation entstand dagegen durch die fortschreitende Industrialisierung. Die alten sozialen Strukturen, zu denen trotz aller Schwächen auch die Kirchengemeinden mit ihren Möglichkeiten zur tätigen Nächstenliebe gehört hatten, zerbrachen. Große Teile der Bevölkerung verließen ihre Dörfer und Kleinstädte und damit auch ihre Kirchengemeinden. In der Hoffnung auf neue Lebensgrundlagen, vor allem auch in der Hoffnung auf städtische Freiheit und Wohlstand, strömten die Menschen dorthin, wo Fabriken entstanden. Aber nur wenigen gelang der soziale und materielle Aufstieg. Die Meisten landeten in elenden Unterkünften und miserablen Lebensumständen.

Die Anonymität der Industriestädte und die beliebige Austauschbarkeit der Menschen in den Fabriken führten nicht nur zu einer Auflösung der zwischenmenschlichen Bindungen, sondern auch der moralischen und religiösen Werte. In den Elendsquartieren der Industriestädte sahen sich im Allgemeinen auch weder die Landesherren, noch die neureichen Fabrikherren als zuständige Ansprechpartner in der Not. Es gab sicher auch Ausnahmen: Landesherren, die helfen wollten und Fabrikherren, die sozial gesinnt waren. Aber insgesamt war die Situation in den ersten Jahrzehnten des 19. Jahrhunderts verheerend und das Elend unermesslich. Die Menschen hatten ihre Heimat, ihre sozialen Bindungen, aber auch ihre kirchlichen Anhaltspunkte verloren.

Und die Kirchen? Sie waren mit dieser neuen gesellschaftlichen Situation überfordert und hielten an alten Ordnungen und Vorstellungen fest. Sie beklagten den Niedergang der christlichen Orientierung der Menschen. Man sah im Schicksal jedes einzelnen ein individuelles Versagen der Betroffenen, ohne zu erkennen, dass die meisten Menschen in die Not getrieben worden waren; dass sie Opfer der veränderten gesellschaftlichen Verhältnisse waren, ohne Möglichkeiten, dem „Sog nach unten“ zu widerstehen. In den üblen Umständen, in denen sich unzählige Menschen befanden, sah man Gottes Gerechtigkeit am Werk, der die Gottlosen straft, ohne Ohr oder Auge dafür zu haben, dass die Gestraften dem „Gericht“ wehrlos und chancenlos ausgeliefert waren. Eine diakonische Offensive, wie sie dringend notwendig gewesen wäre, aber auch eine gesellschaftskritische Predigt, die den Finger in die Wunde gelegt hätte, gab es in der notwendigen Breite nicht.

Pioniere der Diakonie

Einzelne Bürgerinnen und Bürger waren es, die die christliche Verantwortung in dieser Situation erkannten, die prophetisch das Wort ergriffen und die Diakonie, den Dienst an den Schwachen und Hilflosen der Gesellschaft, als dringenden Auftrag an die Kirchen und Gemeinden erkannten. Sie warfen ihr Vermögen und ihren Einfluss in die Waagschale und stellten ihr Leben in den

Dienst der Diakonie. Um 1820 gründet Johannes Falk in Weimar seine „Gesellschaft der Freunde in der Not", um verwahrlosten Kindern eine Heimat zu geben, und Christian Heinrich Zeller (1779–1860) startet in Beuggen bei Basel sein „Rettungshaus" als pädagogische Initiative gegen die Verelendung von Kindern und Jugendlichen. Amalie Sieveking beginnt in Hamburg in jenen Jahren mit ihrer Erziehungsarbeit und gründet 1832 den „Weiblichen Verein für Armen- und Krankenpflege".

Eigentlich war es ihr Anliegen, eine Schwesternschaft in Anlehnung an die sehr erfolgreichen Initiativen zu begründen, die in der katholischen Kirche die Vinzentinerinnen und Borromäerinnen darstellten. Diese hatten in der napoleonischen Zeit ihre Tätigkeit auch auf Deutschland ausgeweitet. Carlo Borromäo (1538–1584) und Vinzenz von Paul (1582–1660) hatten in der katholischen Kirche den Impuls zur Wiederentdeckung des weiblichen Diakonats gegeben, und die von ihnen inspirierten Schwesternschaften verbanden Seelsorge und Diakonie, Mission und Nächstenliebe in einer Weise, die auch evangelische Kirchen über die Gründung ähnlicher Gemeinschaften nachdenken ließ.

Die Gründung einer Schwesternschaft gelang Amalie Sieveking nicht. Ihr Aufruf an Frauen, die in ähnlicher Position wie sie selbst waren und sich mit ihr der Krankenpflege widmen sollten, verhallte ungehört. Aber mit ihrer späteren Vereinsgründung lag sie durchaus im Trend jener Zeit. Vereine waren seit den antinapoleonischen Freiheitskriegen in Deutschland eine neue politisch geduldete Form des bürgerlichen Zusammenschlusses, um gemeinsamen Interessen öffentlich Ausdruck zu geben. Auch wenn das viele heute befremden mag, so waren Vereine in jenen Jahren die „Speerspitze" politischen und freiheitlichen Engagements, der politischen Diskussion und der gesellschaftlichen Erneuerung.

Im kirchlichen Raum gaben die Vereine denen, die sich in den herkömmlichen Strukturen, also den Kirchengemeinden, nicht wiederfanden, die Möglichkeit, Parallelstrukturen zu entwickeln. So konnten sich engagierte Einzelne zusammenschließen und besondere Initiativen entwickeln, die in der Kirche nicht geduldet oder zumindest nicht gerne gesehen wurden. Das galt auch für Amalie Sievekings „Weiblichen Verein für Armen- und Krankenpflege", der ersten Organisation der freien Wohlfahrtspflege in Deutschland. Weil ihr eigentliches Anliegen, eine Schwesternschaft zu gründen, misslang, wurde sie zur Vorreiterin einer für uns gerade heute noch maßgeblichen Organisationsform der Diakonie. Denn bis heute werden diakonische Einrichtungen oftmals durch Vereine getragen, die juristisch nicht Teil der Kirche sind. Amalie Sievekings „Weiblicher Verein" wurde, solange die Gründerin lebte, nicht in die Kirche eingebunden. Aber er wuchs schnell und durch eifrige Korrespondenz, zum Beispiel auch mit der preußischen Königin, der Königin von Dänemark, einer Zarentochter, dem Freiherrn von Stein und der Großherzogin von Weimar, sowie durch viele Vorträge kam es zu zahlreichen Vereinsgründungen im Sinne Amalie Sievkings, besonders in Norddeutschland, aber auch im benachbarten Ausland.

Das Werk einer rationalistischen Mystikerin

Die Biografie Amalie Sievekings lässt die Pionierleistung ihres Lebenswerks erkennen. Geboren wurde sie 1794 als Senatorentochter in Hamburg. Der Tod ihres Vaters macht sie mit 15 Jahren zur Vollwaise, nachdem sie schon mit fünf Jahren ihre Mutter verloren hatte. Ihre Erziehung als „höhere Tochter" in den feinen Künsten, Musik, Kunst und Literatur hilft ihr nun wenig, als es darum geht, wie sie ihren Lebensunterhalt bestreiten sollte. Sie übernimmt, da ihr als Mädchen in ihrem Stand eine praktische Berufsausbildung versagt ist, die Pflege des Sohnes einer Verwandten. Nach dessen Tod ist sie unentschlossen, wie sie ihr weiteres Leben gestalten könnte. Neben der Erziehung ihrer Nichten beginnt sie sonntags Mädchen in Armenhäusern zu unterrichten und gründet 1815 eine Freischule für arme Mädchen.

Das soziale Engagement ist, wenn man den Berichten aus ihrer Kindheit glauben darf, schon früh bei ihr erkennbar. 1817, im Todesjahr ihres jüngeren und von ihr sehr geliebten Bruders Gustav, wendet sie sich der Erweckungsbewegung zu, die in jenen Jahren in vielen bürgerlichen Häusern Hamburgs Einzug hielt. Während dort in den Jahren zuvor der Rationalismus und die Aufklärung dominiert hatten, zog nun der Pietismus viele Menschen an. Evangelische Frömmigkeit und Nächstenliebe sollten das Leben bestimmen. In dieser Erweckungsbewegung fand auch Amalie Sieveking ihr geistliches Zuhause und ihre Motivation für ihr Engagement. Ihre Schriften bezeugen eine schon als mystisch zu bezeichnende Hingabe an den Glauben. Sie selbst bezeichnete sich als „rationalistische Mystikerin" und machte damit deutlich, dass beide Geisteshaltungen für sie bestimmend waren: das klare Analysieren und Organisieren ebenso wie die glühende Begeisterung und die überzeugte Hingabe.

1830 startet sie einen Aufruf an „Frauen und Jungfrauen", sich gemeinsam mit ihr der Fürsorgetätigkeit und der Pflege Cholerakranker zu widmen. Aber, wie schon erwähnt, bleibt ihr Aufruf ohne Widerhall. So beginnt sie alleine mit der Arbeit in einem Milieu, in dem sich eigentlich eine Frau „von Stand" nicht bewegen durfte. Krankenpflege war eine Sache für einfache und ungebildete Menschen, eine niedere Tätigkeit. Aber Amalie Sieveking hält durch. Bald vertraut man ihr die Aufsicht über das gesamte Pflegepersonal an und, was noch viel entscheidender für sie ist, andere Frauen aus ihrer bürgerlichen Welt schließen sich ihr nun doch an. So kommt es schließlich 1832 zur Gründung des „Weiblichen Vereins für Armen- und Krankenpflege". Der Verein stellte sich die Aufgabe, in freiwilliger Mitarbeit Arme und Kranke zu pflegen mit dem Grundsatz: „Almosen geben – so wenig wie möglich, aber genügenden Lohn dem Fleißigen". Wir würden heute sagen, dass es ihr um Hilfe zur Selbsthilfe ging. Ihre anfangs schon erwähnte Initiative, arbeitslose Männer zum Kinderwagenschieben zu verdingen, mag charakteristisch für ihr Programm sein. Sie wollte etwas für die Kinder tun, aber sie hatte durchaus auch das Wohl der Frauen im Blick, und die Männer sollten etwas verdienen, aber zugleich auch eine veränderte Rollenverteilung akzeptieren.

Die Frauen, die sich in Amalie Sievekings Verein engagierten, waren nicht verpflichtet, ein Gelübde abzulegen oder gar eine Verpflichtung auf Lebenszeit einzugehen. Ihre praktische Aufgabe war der regelmäßige Besuch bedürftiger Familien, mindestens zweimal in der Woche, Beratung und praktische Hilfe durch Lebensmittel und Kleidung, aber auch das Achten auf Ordnung und Reinlichkeit. In jedem Fall aber sollte dem Bedürftigen das Gefühl seiner Würde bleiben.

4 Das weibliche Gesicht der Diakonie

Ein verändertes Frauenbild in der Gesellschaft war in mehrfacher Hinsicht Amalie Sievekings Anliegen. Zum einen wollte sie bürgerlichen Frauen die Möglichkeit eröffnen, eine selbständige, sinnvolle Arbeit zu leisten, die sowohl gesellschaftlich notwendig ist, als auch dem christlichen Gebot der Nächstenliebe entspricht. Unverblümt brachte sie ihre Überzeugung zum Ausdruck, dass die Ehe nicht die einzige Bestimmung des Mädchens sei. Ein in der damaligen Zeit unerhörtes Aufbegehren gegen die gesellschaftliche Konvention. Zum anderen wollte sie auch die Frauen aus den Elendsvierteln entlasten, die in besonderem Maß die Last der gesellschaftlichen und familiären Veränderungen zu tragen hatten. Sie wollte den Mädchen aus diesem Milieu eine Chance auf Schul- und Berufsausbildung eröffnen, aber – und das war im Blick auf die zukünftige innerkirchliche Diskussion von besonderer Bedeutung – sie wollte auch klar machen, dass Frauen ebenso wie Männer am Reich Gottes mitwirken und besondere Gaben und besondere Verantwortung dabei haben. Selbstverständlich stieß Amalie Sieveking mit ihrem Konzept nicht nur auf Begeisterung. Sowohl ihre Frömmigkeit, als auch ihr Konzept vom diakonischen Amt und ihr Handeln, das soziale Grenzen überschritt, war vielen ein Dorn im Auge.

Mit 64 Jahren verstarb Amalie Sieveking in Hamburg an Tuberkulose, einer typischen Armeleutekrankheit. So wie von ihr gewünscht, wurde sie ganz schlicht im Armensarg beigesetzt. Etliche diakonische Einrichtungen in Hamburg tragen noch heute ihren Namen.

Wer sich mit der Entwicklung der Diakonie im 19. Jahrhundert befasst, wird neben Amalie Sieveking auf Theodor Fliedner (1800–1864) stoßen und die Diakonissen-Bewegung, die bis in die Mitte des 20. Jahrhunderts sichtbarstes „Aushängeschild“ für die evangelische Diakonie war. Und selbstverständlich ist in Hamburg an den schon erwähnten Johann Hinrich Wichern zu erinnern und sein Rauhes Haus, das Maßstäbe setzte für die Sozialpädagogik. Seine Rede auf dem Wittenberger Kirchentag 1848 führte auch zur Gründung des „Central -Ausschusses für die Innere Mission“ und damit zu einer breiteren

Anerkennung der diakonischen Arbeit als unveräußerlichen Bestandteil der evangelischen Kirchen. Wilhelm Löhe (1808–1872) und Friedrich von Bodelschwingh (1831–1910) spielen eine bedeutende Rolle und die Einrichtungen, die sie begründeten, setzten Maßstäbe für kirchliche und staatliche Sozialarbeit. Es hat aber durchaus seine Berechtigung Amalie Sieveking in unserem Zusammenhang hervorzuheben, weil sie sowohl gegen kirchlichen, als auch gegen gesellschaftlichen Widerstand ihre Überzeugungen durchgesetzt hat. Sie gab nicht nur der Diakonie Nachhaltigkeit und Struktur, sondern verstand es auch, die Rolle der Frau in Gesellschaft und Kirche neu zu prägen. Zu Recht würdigte Johann Hinrich Wichern sie als eine „wahrhaft apostolische Frau" und als solche gehört sie unbedingt in die „Ahnengalerie" derer, die evangelische Impulse gaben.

Evangelische
Akademie
Bad Boll

Kirche ohne Angst vor der Welt

Eberhard Müller, Bad Boll und die Evangelische Akademie

Den Aufbruch mitgestalten

Die Weimarer Republik scheiterte unter anderem an der Unfähigkeit der Verantwortlichen zu Dialog und Kompromiss. Die Jahre der NS-Diktatur, die der Weimarer Republik folgten, waren eine Zeit, in der in Deutschland nur eine Meinung geduldet wurde: die der Herrschenden. Jegliche von der Parteilinie abweichende Äußerung wurde brutal unterdrückt. Das Volk hatte der autoritären Staatsideologie zu folgen. Es gab kein öffentliches Gespräch, das andere Ansichten und abweichende Standpunkte zuließ. So ging es beim gesellschaftlichen Neuanfang 1945 nicht nur um eine Neuorganisation des Staates und darum, den materiellen Notstand zu beheben, sondern es gab in Deutschland auch einen Kommunikationsnotstand, der zu beheben war. Um die angestrebte demokratische Gesellschaft zu realisieren, war es dringend notwendig, eine demokratische Gesprächskultur zu entwickeln und damit die gewonnene Freiheit zu gestalten. Die Zeit von „Befehl und Gehorsam", in der sich letztlich so viele in den „Befehlsnotstand" geflüchtet hatten, um der eigenen Verantwortung zu entgehen, sollte vorüber sein. Die Mitverantwortung des Einzelnen und sein Mitspracherecht sollte gefördert werden. Aber das Mitsprechen musste erst gelernt werden.

Dabei spielten die Kirchen eine wichtige Rolle. Aus ihren Reihen war wenigstens exemplarisch Widerstand gegen das Naziregime geleistet worden. Im kirchlichen Raum war die Diskussion um einen Neuanfang nach dem braunen Terrorregime vorangetrieben worden. Vertreter der „Bekennenden Kirche" und des kirchlichen Widerstandes gegen Hitler übernahmen nach 1945 auch politische Verantwortung. Diakonische Einrichtungen wurden gefördert und ausgebaut. Wo aber sollten die Weichenstellungen der Entwicklung der Nachkriegsgesellschaft diskutiert werden und wo die Verantwortlichen unterschiedlichster Prägung sich treffen, um sich kennenzulernen und um sich anzunähern?

In den evangelischen Kirchen gab es schon in der Weimarer Republik und im Nationalsozialismus erste Konzepte für eine Gesellschaft des offenen Dialogs. Die „Evangelischen Wochen" und die Laienbewegung, die in den Dreißigerjahren aus den Studentengemeinden hervorgegangen war, gehörten ebenso dazu, wie die Evangelische Volksbildungsbewegung. Helmut Thielickes Forderung von 1942, Evangelische Akademien einzurichten ist hier ebenso zu erwähnen, wie die theologischen Konzepte von Dietrich Bonhoeffer (1906–1945) und Paul Tillich (1886–1965). Gemeinsam war diesen Konzepten und Modellen, dass sie die Notwendigkeit einer Abkehr von der Obrigkeitskirche und die Bedeutung der Begegnung von Kirche und Welt, von Theologie und Wissenschaft, von Glauben und Leben betonten.

Gleich nach Kriegsende war es dann der württembergische Pfarrer Eberhard Müller, der die Idee einer „Evangelischen Akademie“ vertrat und der sie gleichsam im Handstreich in die Tat umsetzte. Müller stammte aus einer Stuttgarter Unternehmerfamilie, war 1906 geboren, hatte in Tübingen, Erlangen und Berlin studiert sowie in Erlangen promoviert. Er begann 1932 seine kirchliche Laufbahn als Reisesekretär der Deutschen Christlichen Studentenvereinigung (DCSV) in Berlin und war nach seiner Ordination als Pfarrer der Württembergischen Landeskirche bis 1938 Generalsekretär der DCSV und Reichsgeschäftsführer der „Evangelischen Wochen“, die man als Vorläufer des „Evangelischen Kirchentages“ bezeichnen kann. 1938, nachdem die „Evangelischen Wochen“ von der Gestapo verboten worden waren, wurde Müller Studentenpfarrer in Tübingen und 1940 zum Kriegsdienst eingezogen. Von 1942 bis 1945 diente er als Feldgeistlicher.

Nach Kriegsende bemühte sich Eberhard Müller in Stuttgart um den Aufbau eines Hilfsdienstes für Kriegsgefangene und Vermisste. Auf Ende September 1945 lud er dann 160 „Männer des Rechts und der Wirtschaft“ ins Kurhaus nach Bad Boll ein und proklamierte sehr zur Überraschung seines Landesbischofs diese Versammlung zum Gründungsakt der Evangelischen Akademie. „Eberhard, der Plötzliche“, wie man ihn später nicht nur wegen dieses Überraschungscoups zum Start der Evangelischen Akademie nannte, fand aber für sein Unternehmen rasch breite Zustimmung. Der beschauliche Kurort Bad Boll am Fuße der Schwäbischen Alb wurde zu einer Drehscheibe kirchlicher und gesellschaftlicher Kommunikation.

Schon einmal, zu Zeiten als Vater und Sohn Blumhardt Pfarrer in Bad Boll waren, hatte der Ort in Kirchenkreisen durch deren Verbindung pietistischer Frömmigkeit und politischer Predigt einige Bekanntheit erlangt. Außerdem war Bad Boll als eines der Zentren der von Nikolaus Graf von Zinzendorf begründeten Herrnhuter Brüdergemeine bekannt. Aber das, was für Bad Boll vor allem als Sitz einer Evangelischen Akademie sprach, war die Tatsache, dass es einigermaßen abseits lag, um der „Philosophie des Dritten Ortes" zu entsprechen. Die Evangelische Akademie sollte alle, die sich an den Begegnungen und Gesprächen beteiligten, aus ihrer gewohnten Umgebung herausführen. Hier sollte es dadurch, dass man sich abseits der sonstigen „Bahnen und Schlachtfelder" traf, möglich sein, unvoreingenommen aufeinander zuzugehen und miteinander umzugehen. Das alte Kurhaus in Bad Boll war dazu trefflich geeignet.

Ein „Ohr" der Kirche werden

Auch wenn Eberhard Müller im Herbst 1945 den Start der Evangelischen Akademie in Bad Boll auf seine ungestüme Art forcierte, fand er rasch lebhafte Unterstützung in Kirche und Staat. Der damalige württembergische Landesbischof Theophil Wurm (1868–1953), den er vor vollendete Tatsachen gestellt hatte, trug das Konzept entschieden mit, ebenso wie der württembergische Kultusminister Theodor Bäuerle von politischer Seite. Eberhard Müller wollte durch die Evangelischen Akademien nicht weniger, als „einen kirchlichen Beitrag zur moralischen Wiedergeburt Deutschlands und zur Realisierung einer demokratischen Gesellschaft" leisten, wie er in einem Interview ausführte. Dabei war er jedoch der Auffassung, dass die Kirche nicht in erster Linie der Welt Wege vorzuschreiben habe, wie sie zum Frieden und zur Mitmenschlichkeit komme. Vielmehr müsse die Kirche versuchen, Menschen in verschiedenen Funktionen, die zum Frieden auf bestimmten Gebieten beitragen könnten, zum Hören aufeinander und zum Hören auf Gottes Willen zu bringen. Für Eberhard Müller bedeutete das in der Praxis, gerade auch der Kirche Fernstehende einzuladen, und vor allem auch Nichttheologen aus allen beruflichen und gesellschaftlichen Schichten in das kirchliche Nachdenken über die Zukunft der Gesellschaft mit einzubeziehen.

So sollte das Zuhören zum Kennzeichen einer „geläuterten" Kirche werden, ein Kennzeichen dafür, dass die evangelische Kirche ihr Versagen angesichts des Nationalsozialismus begriffen hatte, dass sie genauso versagt hatte, wie andere Institutionen auch, und sich deshalb nicht als Lehrmeister aufzuspielen hatte. Zuhören wurde aber auch zum Merkmal dafür, dass man die Menschen in ihren Sorgen ernst nehmen wollte und zu lernen bereit war. Und schließlich wurde Zuhören auch als Voraussetzung eines künftigen friedlichen Miteinanders gesehen.

Durch das Zuhören sollten Räume geschaffen werden, um auch selbst als Kirche wieder gehört zu werden. So sollte die Evangelische Akademie Ausdruck einer Kirche ohne Angst vor der Welt sein. Müller selbst schrieb in einem Grundsatzpapier: „Die Akademien wollen sich darum bemühen, ein ‚Ohr' der Kirche zu werden, das zuhört auf die oft widersprüchlichen Nöte und Bestrebungen der modernen Welt. Wir möchten aber auch bewirken, dass durch ihren Dienst Menschen und Gruppen unserer Gesellschaft fähig werden, aufeinander zu hören. Das scheint mir ein wichtigerer prophetischer Dienst zu sein als die Propagierung von eigenen sozialpolitischen Rezepten zur Herstellung von mehr Gerechtigkeit."

Eine Erfolgsgeschichte

Der Gründung der Akademie in Bad Boll folgten schnell andere evangelische Akademiegründungen in Arnoldshain, Loccum und Hofgeismar. Die katholische Kirche folgte dem Trend. Die ersten katholischen Akademien entstanden in Dortmund (1946), dann in Bad Honnef und Fulda. Besonders erfolgreich blieb und ist die Katholische Akademie in Bayern. Die Idee kirchlicher Akademien wurde aber auch erfolgreich exportiert und zum selbstverständlichen Element der ökumenischen Welt. Schon 1958 begann – ebenfalls entscheidend von Eberhard Müller mitgeprägt – eine eigenständige Akademiearbeit in Ostasien mit Instituten in Japan, Korea und Indien. Auch auf Kreta war Eberhard Müller 1963 „Geburtshelfer" der dortigen orthodoxen Akademie. Seit 1970 wurden vergleichbare Einrichtungen, die *Conference-* und *Lay-Training-Centres*, in Ghana, Kenia, Südafrika und Kamerun gegründet.

Die kirchlichen Akademien pflegten von Beginn an einen regen ökumenischen und internationalen Austausch. Selbstverständlich konnten sich solche Einrichtungen, deren ausdrückliches Ziel es war, grenzüberschreitend zu arbeiten, nicht darauf beschränken, politische Parteien, unterschiedliche Wissenschaften und kirchliche Konzepte an einen Tisch zu holen. Auch der grenzüberschreitende Dialog, der zwischen den christlichen Konfessionen, dann aber auch zwischen den unterschiedlichen Kulturen und Religionen geführt wurde, sowie Fragen der Mission und der internationalen politischen Entwicklung gehörten zu ihrem Programm. Der Grundgedanke der kirchlichen Akademien, einen offenen Dialog zwischen Menschen unterschiedlicher Religion oder politischer Anschauung, unterschiedlicher Bildung und Kultur zu führen, wurde nicht nur über die Grenzen Deutschlands hinaus exportiert, sondern auch zum Modell für Einrichtungen außerhalb der kirchlichen Sphäre.

Eine lange Tradition

Der Begriff und der Gedanke der Akademie ist keine kirchliche Erfindung. Der griechische Philosoph Platon (428/7–348 v.Chr.) hat den Begriff geprägt und die Akademie „erfunden". Er wollte Bildung durch Gespräch vermitteln und eine „Schule des Lebens" schaffen, in der vernünftig gelehrt und respektvoll zugehört wird. In der Fragen der Religion, der Philosophie, der Politik und der Wissenschaft sollte gleichermaßen verhandelt werden. Dieses pädagogische Modell Platons wurde von vielen Lehrern und Gelehrten der Antike weitergeführt. Renaissance und Humanismus nahmen in ihrer Begeisterung für alles Antike auch den Gedanken der „Akademie" wieder auf. Besonders herausragend ist dabei die im 15. Jahrhundert begründete Akademie in Florenz. Florenz galt als das „neue" Athen und suchte in der Nachfolge der großen griechisch-philosophischen Tradition eine Freiheit des Denkens und Handelns, die im gelehrten Vortrag und freundschaftlichen Dialog gründete.

Nachdem die Zeit der Reformation und Gegenreformation nicht dazu angetan war, diese Form des Dialogs zu stärken, erlebte der Akademiegedanke in der Aufklärung eine nachhaltige Wiederbelebung. „Akademien der Wissenschaften" entstanden europaweit mit unterschiedlichen Zielsetzungen, so zum Beispiel um Sprachpflege zu betreiben, indem sie etwa, wie die *Accademia della Crusca* in Florenz, ein erstes Wörterbuch der italienischen Sprache herausgaben oder aber wie die *Accademia dei Lincei* in Rom, um die Naturwissenschaften voranzubringen und die Einführung des Experiments als Erkenntnismethode einzuführen. Ebenfalls in Italien entstand im 17. Jahrhundert die Idee, das Forum der Akademie zum interdisziplinären und internationalen Austausch wissenschaftlicher Erkenntnisse zu nutzen. Die 1635 gegründete *Académie française* widmete sich ganz der absolutistischen Kulturpolitik und diente der Stärkung und Durchsetzung einer französischen Nationalsprache. Die englische *Royal Society*, gegründet 1660, hingegen hatte vor allem die Naturerforschung als Aufgabenstellung im Blick.

In Deutschland prägte Gottfried Wilhelm Leibniz (1646–1716) die Entwicklung der Akademien. Er wollte mehr als nur „bloße Curiosität oder Wissensbegierde und unfruchtbare Experimenta". Nach Ansicht von Leibniz sollten solche Institutionen Nützliches leisten, Theorie und Praxis verbinden und zum Allgemeinwohl beitragen. Auch die Akademien in der damaligen Zeit lebten wesentlich durch die Förderung und die Zuwendungen der Landesherren und waren Teil der höfischen Kultur. Dennoch waren sie Orte der Freiheit, und das nicht nur hinsichtlich der Wissenschaften, an denen Austausch von Erkenntnis und Wissen stattfand. Sie waren auch Orte, an denen Konfessionszugehörigkeit und Standesunterschiede kaum eine Rolle spielten. Und sie beförderten die Gründung von Forschungseinrichtungen wie Bibliotheken, Laboratorien, Sammlungen und Messstationen. Dass gerade die deutschen Akademien in der Leibniz-Tradition ein sehr breites Spektrum an Bildung und Wissenschaft vertraten, zeigt die Königlich-Preußische

Akademie der Wissenschaften in Berlin. Diese wurde im 19. Jahrhundert ebenso selbstverständlich von den Naturwissenschaftlern Wilhelm und Alexander von Humboldt geleitet wie von den Theologen Friedrich Schleiermacher und Adolf von Harnack.

Der Erste Weltkrieg (1914–1918), die wirtschaftlich schwierigen Jahre zwischen den Kriegen und schließlich der Nationalsozialismus hemmten nicht nur den internationalen Austausch, sondern generell die Freiheit der Wissenschaft. Die Arbeit der Akademien kam vielerorts zum Erliegen. Umso erstaunlicher, dass der Gedanke der kirchlichen Akademie, speziell der evangelischen Akademie, 1945 auf breite Zustimmung stieß und schon in den ersten Monaten nach der Kapitulation Gestalt gewann.

Nachdem in Bad Boll ein erfolgreicher Anfang gelungen war, ging eine „Gründungswelle" kirchlicher Akademien durch Deutschland, weil es gelang, diese von Anfang an als eine die kirchlichen Grenzen bewusst überschreitende Institution erkennbar zu machen und ihr eine gesellschaftliche Bedeutung zu geben. Eberhard Müller erklärte das Gespräch zum Ort der Verständigung, aber er konnte innerhalb der Kirche auch vermitteln, dass das Gespräch ebenso ein Ort der Verkündigung und der Seelsorge war. Er musste ja durchaus auch gegen vorhandene Widerstände in kirchlichen Kreisen deutlich machen, dass die Akademiearbeit die ureigensten Anliegen der Kirche aufnahm und nicht nur ein kleines Extra am Rande war. Dietrich Bonhoeffers Gedanke einer „Kirche für die Welt", einer dienenden Kirche in einer religionsfernen Gesellschaft, gewann hier Gestalt.

Kirche auf der Höhe der Zeit

Schon die ersten Akademietagungen in Bad Boll machen die Ausrichtung der Arbeit deutlich und erkennbar: Die bereits erwähnte erste Tagung und Gründungsveranstaltung im September 1945 trug den Titel „Männer des Rechts und der Wirtschaft". Anfang Dezember 1945 traf man sich unter der Überschrift „Männer aus Arbeiterschaft und Handwerk in Württemberg". Es gelang

Müller gleich zu dieser zweiten Akademieveranstaltung die „Großen“ der evangelischen Kirche der Nachkriegszeit zu gewinnen: Martin Niemöller, Karl Heim und Hanns Lilje nahmen an den Gesprächen teil. Einer erste Lehrertagung Anfang Januar 1946 fand so großen Zuspruch, dass 800 Interessenten abgesagt werden musste. Anfang September 1946 traf man sich in Bad Boll für einige „Tage der Stille und Besinnung für Dichter und Künstler“, unter anderen mit Rudolf Alexander Schröder, Manfred Hausmann und Paul Tournier.

In den ersten Jahren wurde in Bad Boll oft zielgruppenorientiert gearbeitet und mit der ausgesprochenen Absicht, gerade auch die gesellschaftliche Elite in einen Dialog einzubinden, der sich sachlich und fachlich auf der Höhe der Zeit bewegte, zugleich aber auch biblische und theologische Gesichtspunkte mit einbezog. Vergessen werden soll aber nicht, dass auch Themen wie die Vertriebenenproblematik und die betriebliche Mitbestimmung im Programm enthalten waren; dass es „Tage der Besinnung für ehemalige Soldaten“ gab und Journalistenlehrgänge angeboten wurden; dass es um die Fragen der deutschen Wiederbewaffnung ging und dass in Bad Boll aufgrund einer Tagung zum Thema „Werbung und Ethik“ die „Aktion Gemeinsinn“ gegründet wurde. Einübung in die Demokratie, in die Verantwortungsgesellschaft und ihre Spielregeln, war der Hintergrund aller Tagungen, so dass der katholische damalige Bundeskanzler Konrad Adenauer schon 1951 die Evangelischen Akademien als wichtige Mitstreiter bei der Demokratisierung bezeichnen konnte. Und der ausgesprochen kirchenkritisch orientierte *Spiegel*-Herausgeber Rudolf Augstein (1923–2002) meinte später, die Akademien seien das Beste, was den Kirchen nach dem Zweiten Weltkrieg eingefallen sei.

Dabei waren die Evangelischen Akademien oftmals sehr unbequem in ihren Themen und ihrer Auswahl von Referentinnen, Referenten und Gesprächspartnern. Spätestens seit der Studentenbewegung waren viele Veranstaltungen eher gesellschaftskritischer Natur, oder, vielleicht sollte man besser sagen: Viele Foren gaben denen Raum, die andernorts noch ausgesperrt waren. Am deutlichsten wird dies vielleicht, wenn man an die Tagung im Februar 1968 erinnert, zu der Rudi Dutschke und Ernst Bloch eingeladen wurden. Ihr Thema war: „Das Problem der Revolution in Deutschland“. Für Bad Boll war diese

Tagung ein großes Medienspektakel, aber auch mit großen Turbulenzen im kirchlichen Umfeld verbunden. Es folgten Jahre der intensiven Auseinandersetzung mit Fragen der globalen Gerechtigkeit und innerkirchlich die Auseinandersetzung mit dem Antirassismusprogramm, das sich vor allem gegen die Apartheid in Südafrika wendete. Es war die erklärte Absicht, dass die Kirche doch wenigstens in ihren Akademien am Puls der Zeit sein sollte, wenn sie auch sonst oft gescholten wurde, wenig aktuell zu sein. Die evangelischen Akademien wollten das hörbar und sichtbar machen, was noch nicht allgemein akzeptiert und angenommen wurde, aber unausweichlich auf die Gesellschaft und die Kirche zukommen würde.

So fand im Februar 1979 die erste Werkstatt „Feministische Theologie" in Bad Boll statt, der bis 1998 22 weitere folgen sollten. Wenige Wochen später gab es die erste „Frauen-Akademie". Die Umweltthematik stand zunehmend auf der Tagesordnung, übrigens schon 1986 auch im Blick auf die Bewirtschaftung des Hauses. Als in Berlin die Mauer fiel, tagte in Bad Boll eben ein Seminar „Neue wirtschaftliche Dynamik in Osteuropa", und im Juni 1990 trafen sich unter anderen auch Manfred Stolpe, Erhard Eppler, Wolfgang Schäuble und Hans Modrow, um über „Markierungen auf dem Weg zu einer gesamtdeutschen Verfassung" zu diskutieren. Die Reihe der Themen könnte beliebig erweitert werden, um zu verdeutlichen, in welch vielfältiger Weise es in Bad Boll gelungen ist, ein Netz von Kontakten und Gesprächen, Impulsen und Aktionen zu knüpfen, dabei doch immer als Teil der evangelischen Kirche und Tradition erkennbar zu bleiben und christliche Werte sowie biblische Anstöße zu vermitteln – unaufdringlich, aber vernehmbar.

Man kann trefflich über die volkskirchliche Situation in Deutschland diskutieren, über ihr Für und Wider und darüber, wie denn Volkskirche zu sein habe. In dieser Diskussion muss aber die Evangelische Akademiearbeit Berücksichtigung finden. Sie ist für mich Volkskirche in ganz besonderer Weise. Die gewollte Trennung und zugleich Nähe von Kirche und Staat in der Bundesrepublik zeigt sich hier beispielhaft. Die Evangelischen Akademien wurden von Anfang an auch staatlich gefördert. Sie sind nicht nur ein Kind der Kirche, sondern auch politisch erwünscht und in den ersten Jahren von der US-amerikanischen Besatzungsmacht und den nordamerikanischen Kirchen gefördert worden. Aber sie sind auch von Anfang an, wie schon mehrfach gezeigt, ein verlässlicher kirchlicher Beitrag zur Begründung und Stabilisierung der jungen deutschen Demokratie gewesen. Christen und Kirchen haben sich zwar vielfach und auch an anderer Stelle eingebracht, seit sie nach 1945 ihren Glauben wieder ohne Angst und Schikanen leben durften. Aber die Evangelischen Akademien waren doch ein Beitrag besonderer Art.

Auch in Ostdeutschland gab es nach 1945 Evangelische Akademien, anfangs in engem Kontakt zu den Akademien im Westen. Nach dem Bau der Mauer 1961 waren die ostdeutschen Akademien aber über viele Jahre ganz auf ihr innerkirchliches Wirken beschränkt, bevor sie in den letzten Jahren der DDR immer mehr zu Orten der kritischen Diskussion wurden und so ihren Beitrag zu dem Prozess leisteten, den wir als „Wende" bezeichnen. Heute gibt es glücklicherweise auch in den „neuen Bundesländern" wieder Evangelische Akademien im ursprünglich gemeinten Sinne.

Erkennbar bleiben

Theodor Heuss und Konrad Adenauer, Ernst Bloch und Carl Friedrich von Weizsäcker, Martin Niemöller und Dorothee Sölle, Hans Küng und Benjamin Barber, Theologen und Dichter, Politiker und Wissenschaftler, Gewerkschafter und Industrielle, Militärs und Friedensaktivsten kamen im Laufe der Jahre nach Bad Boll. Das von Eberhard Müller erhoffte Forum des Gesprächs wurde tatsächlich angenommen. Und Bad Boll steht hier nur stellvertretend für alle anderen evangelischen Akademien und deren erfolgreiche Arbeit. Wichtige Veränderungen in der deutschen Nachkriegsgesellschaft wurden durch Akademiegespräche zumindest vorbereitet. Ein herausragendes Beispiel dafür ist die sogenannte „Ostdenkschrift" der EKD, die der deutschen Ostpolitik neue Impulse gab.

Immer ging es nach Eberhard Müller dabei um „Seelsorge in der modernen Gesellschaft", eine Seelsorge, die Zeit und Ort schafft, das eigene Tun, die persönliche Verantwortung und die Konsequenzen des eigenen Handelns zu bedenken. Und gerade in den ersten Jahren der Akademiearbeit war das freie, offene Gespräch und die kritische Auseinandersetzung eine neue und bedeutsame Erfahrung. Hier erlebte man nicht mehr „Kirche von oben", sondern eine fragende und begleitende Kirche, die auch diejenigen ernst nahm, die der traditionellen Religion nichts mehr oder noch nichts abgewinnen konnten.

Selbstverständlich haben Eberhard Müller und die anderen der Gründergeneration die Akademien nie in Konkurrenz zur traditionellen Gemeindearbeit gesehen. Es ging ihnen vielmehr darum, den Dialog mit Menschen zu suchen, die „durch die bürgerliche und soziale Emanzipation der letzten beiden Jahrhunderte bestimmt sind". Es ging also immer auch darum, mit Menschen in Kontakt zu kommen, die sich durch die überkommenen Strukturen von Gemeinde und Verkündigung nicht mehr angesprochen fühlen und ansprechen lassen. Insofern kann man auch von einem missionarischen Aspekt in der evangelischen Akademie sprechen.

Aber es sollte doch bei all den Höhepunkten und bei all den erwähnten Prominenten ausdrücklich betont werden, dass die weitaus meisten Veranstaltungen keine „Elitetreffen" sind, sondern das leisten, was man in einem ganz guten Sinne als evangelische Erwachsenenbildung bezeichnen kann: Über eine Million Menschen besuchten seit der Gründung Tagungen und Veranstaltungen der „schwäbischen Querdenkerzelle" in Bad Boll, wie sie mancherorts nicht ohne ein wenig Stolz genannt wird. Die meisten dieser Menschen kamen, um durch Vorträge und Gottesdienste, durch kreative und intellektuelle Anstöße, durch Besinnung und Diskussion gestärkt und gerüstet in ihre Kirchengemeinden, in ihren Beruf und ihre Familien, in ihre Verantwortung und ihren Alltag zurückzukehren. Auch in diesem Sinne ist die Evangelische Akademie eine im guten Sinne typische Einrichtung und Chance der Volkskirche. Sie ergänzt die Arbeit der Kirche in ihren Gemeinden und ist nicht gegen und außerhalb der „normalen" kirchlichen Aktivitäten zu verstehen.

Unbequem und streitbar

Das Konzept der Evangelischen Akademien hatte zu keiner Zeit nur Freunde. Auch solche Christen, die durchaus das Gespräch mit Menschen außerhalb der Kirche und mit kritischen Zeitgenossen befürworteten, erschraken oftmals über die Konsequenz, mit der Eberhard Müller und seine Begleiter und Nachfolger ihr Konzept realisierten, wenn sie in den Anfangsjahren nicht nur unterschiedliche Berufsgruppen auf ihre ethische Orientierung und gesellschaftliche Aufgabe ansprachen, sondern auch das Verhältnis von Kirche und Gewerkschaft thematisierten, sich für die Einheitsgewerkschaft oder gegen bestimmte Mitbestimmungsmodelle aussprachen oder wenn sie profilierte und die bürgerliche Gesellschaft und die Kirche provozierende Vertreter der Studentenbewegung einluden.

Als die evangelischen Akademien sich für das Antirassismusprogramm des Ökumenischen Rates der Kirchen stark machten, wurde ihnen von vielen der Vorwurf der politischen und theologischen Linkslastigkeit gemacht. Aber im Rückblick betrachtet, war es ihr Verdienst, aufbrechende heikle gesellschaftliche Diskussionen und Wendungen sehr frühzeitig zu thematisieren und Wege erkennbar zu machen, auf denen sich die Gesellschaft später selbstverständlich bewegte. Es ist sicher auch falsch oder anmaßend zu behaupten, die evangelischen Akademien hätten großen politischen Einfluss gehabt. Aber sie wagten es, richtungsweisenden Themen und Persönlichkeiten sehr frühzeitig ein Forum zu bieten. Das gilt auch hinsichtlich der Rüstungsdebatten in der Bundesrepublik, auf die deutsche Ostpolitik und die Ökologiebewegung sowie für den interkulturellen und interreligiösen Dialog und aktuelle wissenschaftliche Themen wie Gen- und Hirnforschung. Atheistische Philosophen und ökologische Gesellschaftsveränderer, östliche Meditation und zeitgenössische Kunst sind der Einladung in die Akademien gefolgt, als sich herumgesprochen hatte, dass man hier tatsächlich die Atmosphäre des Fragens und Verstehens fand und die Gesprächspartner, die man sich zum Austausch wünschte.

Dass all die unterschiedlichen Gesprächspartnerinnen und -partner, auch solche, die der Kirche ausdrücklich fernstanden, im kirchlichen Raum der evangelischen Akademien Toleranz und Akzeptanz erlebten, trug sicher nicht unwesentlich dazu bei, dass bis heute auch die Kirchen in der Bundesrepublik eine hohe Akzeptanz haben, als Gesprächspartner Gehör finden und ihre gesellschaftliche Position kaum infrage gestellt wird. Die Akademien sind seit ihrem Bestehen Räume, die offen sind und Übergänge schaffen zwischen Kirche und Gesellschaft.

Das Programm der Akademien wurde im Laufe der Jahrzehnte immer bunter und vielgestaltiger. Wer im Jahr 2010 das Programmheft der Evangelischen Akademie Bad Boll aufgeschlagen hat, konnte einen „Clownkurs“ und „Oasentage in Burgund“, „Traumtherapie“ und „Serbien: Auf dem Weg in die EU“, „Öffentliche Verschuldung auf dem Prüfstand“ und „Adventliche Tage für Senioren und Seniorinnen“ im Angebot finden. Der „rote Faden“ durch das Programm ist da schwer zu erkennen. Gibt es ihn? In der Einleitung zum Tagungsprogramm 2010 heißt es: „Erkenntnisse, die weiter führen, gewinnt man häufig, wenn man den eigenen Denkrahmen verlässt. Die Tagungsarbeit der Evangelischen Akademie Bad Boll lebt vom Verlassen des eigenen Denkrahmens: sich Zeit nehmen, aus der Alltagsarbeit aussteigen, sich mit anderen Menschen zusammensetzen, andere Professionen hören und befragen, aus benachbarten und ganz fremden Bereichen Lösungsansätze erfahren.“

Es geht also immer noch darum, die Evangelische Akademie als „Kirche ohne Angst vor der Welt“ zu begreifen, also Kirche in neuen Horizonten. Gut, wenn die Evangelischen Akademien das leisten, neue Perspektiven zu schaffen und den Ausbruch aus alten Denkrahmen zu ermöglichen. Aber es bleibt auch dabei, dass eine Verknüpfung zwischen Akademie und Gemeinde, zwischen den Werkstätten protestantischer Freiheit und dem Zuhause evangelischer Tradition erkennbar werden und bleiben muss. In der Selbstdarstellung der evangelischen Akademie Bad Boll heißt es: „Die Evangelische Akademie in Bad Boll macht auf die Aussagen und den Zuspruch des Evangeliums aufmerksam. Der Bezug auf christliche Humanität und der Geist eines weltoffenen, toleranten Protestantismus begleiten die Tagungen als Angebot bei der Suche nach Orientierung und bei der Klärung ethischer Standpunkte."

Eberhard Müller selbst hatte seiner Akademie die Aufgabe zugeschrieben, „die Kirche zu einer neuen Begegnung mit den ihr fern stehenden Menschen, ihrer Welt, ihren Nöten und ihren Fragen zu bringen". Die Kirche sollte sich nicht in eine fromme Innerlichkeit zurückziehen, sondern der Welt in den großen Fragen Rede und Antwort stehen. Um aber Rede und Antwort stehen zu können, braucht die Kirche einen Ort, der das Gespräch erleichtert oder überhaupt ermöglicht.

Für Eberhard Müller war „seine" Akademie ein solcher Ort. Er war von 1945 bis 1971 Direktor der Evangelischen Akademie Bad Boll. Zu seinem Abschied aus diesem Amt verleih ihm der damalige Bundespräsident Gustav Heinemann (1899–1976) das Große Bundesverdienstkreuz. Müller blieb bis 1986 in Bad Boll, bis zu seinem Umzug nach Heidelberg, wo er 1989 verstarb.

Karl Barth: Der Römerbrief
Hans Grewel Brennende Fragen christlicher Ethik
Folgen christlicher Freiheit
Huber
Wolfgang Huber
Moltmann Politische Theologie
RUDOLF OTTO
DAS HEILIGE
JÜNGEL Das Evangelium von der Rechtfertigung
DIE HINREISE
DOROTHEE SÖLLE
KREUZ VERLAG
HEIM: Weltschöpfung und Weltende
Albert Schweitzer
Gesammelte Werke in fünf Bänden
1
Unterwegs nach Europa Perspektiven evangelischer Kirchen
Christian Möller Gemeindeaufbau Band 1
V&R
Hans-Martin Barth: Spiritualität
Wolfgang Huber
Kirche in der Zeitenwende
Manfred Josuttis Der Pfarrer ist anders
Friedrich Schleiermacher
Der christliche Glaube
1

Verkündigung am Puls der Zeit

Friedrich Schleiermacher, Berlin und die evangelische Theologie

Theologie als Vorwärtsbewegung

Es ist ein besonderes Merkmal der evangelischen Theologie, dass sie nicht gegen ihre jeweilige Zeit kämpft, sondern sich bewusst als deren „Kind" versteht. Wenn es sich die katholische Theologie immer wieder zur Aufgabe gemacht hat, sich dem Zeitgeist zu widersetzen und traditionelle Positionen zu sichern, dann war es auf der anderen Seite häufig die evangelische Theologie, welche die offene Auseinandersetzung mit aktuellen philosophischen, politischen und sozialen Fragstellungen suchte. Sicher gab es auch evangelischerseits immer eine „Hoftheologie", die eilfertig das Bestehende segnete und ihr Heil im Blick und Rückgriff auf Vergangenes suchte. Die öffentliche Diskussion aber und die Theologiegeschichte prägten die Köpfe, die etwa in der Aufklärung des 18. Jahrhunderts oder aber im Umgang mit der sozialen Frage im 19. Jahrhundert zu neuen Ufern aufbrachen und der Rede von Gott in der jeweils aktuellen Situation eine neue Stimme und Sprache gaben.

So war es auch, als die katholische Kirche und deren Theologie gegen die Kirchenkritiker und den Atheismus des 19. Jahrhunderts im Ersten Vatikanischen Konzil das Dogma von der Unfehlbarkeit des Papstes formulierte. Gleichzeitig nahm die evangelische Theologie zwar nicht ohne theologische und kirchliche innere Widerstände, aber dennoch klar erkennbar die berechtigten Anliegen und Anstöße von außen auf und gewann durch den historisch-kritischen Umgang mit der Bibel und einer entschlossenen Hinwendung zu der sich verändernden Gesellschaft neue Glaubwürdigkeit in bürgerlichen und intellektuellen Kreisen. Diese Linie hat sich fortgesetzt: So war in den Fünfzigerjahren des 20. Jahrhunderts, nach dem Zweiten Weltkrieg, die katholische Theologie mit der antimodernistischen Frage nach der unbefleckten Empfängnis Mariens und ihrer leiblichen Aufnahme in den Himmel beschäftigt. Auf evangelischer Seite setzte sich die Dialektische Theologie war auch vehement dafür ein, die Offenbarung des Evangeliums als ein der Welt und ihrer Logik Fremdes und Entgegengesetztes zu begreifen. Aber sie verband diese theologische Position mit deutlichen politischen Aussagen zur Wiederaufrüstung und Atombewaffnung in Deutschland.

Die evangelische Theologie hat seit je her die Impulse der jeweiligen Epochen unmittelbar aufgenommen und in ihr Denken eingearbeitet. Schon in ihren Anfängen während der Reformation war sie in bewusster Abgrenzung zum Überkommenen und als Aufbruch aus alten Denkmustern gestaltet. Zwar waren die Reformatoren von den Schulen und Orden geprägt, durch die sie gegangen sind, und Martin Luther ist als ein mittelalterlicher Mensch zu sehen, der nicht im Entferntesten daran dachte, die „alte Welt", seine Kirche und Gesellschaft infrage zu stellen, aber die Gedankengänge und Fragestellungen der Reformation waren doch wesentlich „modern" und neu für die damalige Zeit. Sie sind nur im Kontext der Veränderungen des Weltbildes zu verstehen, das die beginnende „Neuzeit" mit sich brachte.

Zu diesen Veränderungen der beginnenden Neuzeit gehört die Entdeckung Amerikas ebenso, wie die ersten Bücher zur Anatomie des Menschen und die Entstehung des europäischen Bankenwesens. Alte Ordnungen und Autoritäten gerieten durch Entdeckungen und Erfindungen, wie etwa den Buchdruck, ins Wanken, und ganz neue Perspektiven wurden eröffnet. Die Reformation brach genau in jene Zeit ein, die so viel Neues brachte und die Menschen verunsicherte. Die Welt wurde durch die Entdeckungen neuer geografischer Dimensionen und neuer technischer Möglichkeiten „größer". Zugleich geriet die Einheit der mittelalterlichen Welt durch politische und soziale Veränderungen ins Wanken. Der einzelne Mensch, das Ich des Menschen, sein ganz persönliches Universum, sein persönliches Denken und Empfinden wurde jetzt zum Gegenstand des Interesses. Leistungen Einzelner waren herausragend und wegweisend, aber der Einzelne war auch nicht mehr bereit, sich der Gemeinschaft fraglos unterzuordnen. Gerade in jener Zeit, in der die traditionelle Ordnung aus den Fugen geriet, wagten sich Menschen nicht nur weiter hinaus auf die Meere und tiefer hinein in die Geheimnisse des menschlichen Körpers; sie wagten es auch, jenseits der Traditionen und vorgegebenen Dogmen neue Fragen zu stellen und neue Antworten zu geben. Luthers Frage: „Wie bekomme ich einen gnädigen Gott?" und seine Folgerung: „Ich bin mit meinem Gewissen *selbst* vor Gott verantwortlich", war im frühen 16. Jahrhundert hochmodern und ganz nah am Puls der Zeit, weil sie den einzelnen Menschen in den Mittelpunkt gestellt hat.

Glaube als Element der Moderne

Das Prinzip der evangelischen Theologie, sich ganz bewusst und auch mit großem Erfolg dem Geist der Zeit zu widmen, hat in besonderer Weise Friedrich Daniel Ernst Schleiermacher (1768–1834) umgesetzt. Er lebt zur Zeit der Französischen Revolution mit ihrer radikalen Veränderung der Gesellschaft und des Menschenbildes. Er erlebt aber auch die Restauration, den Versuch einer Rückkehr zur alten Ordnung, die doch verknüpft war mit der Hoffnung, manche Errungenschaften von Aufklärung und Revolution zu bewahren. So prägen ihn Pietismus und Aufklärung, Rationalismus und Erweckungsbewegung. In Schleiermachers Biografie spiegeln sich sowohl die Akzeptanz der vom Adel dominierten Standesgesellschaft, als auch das Selbstbewusstsein und der Aufstieg des Bürgertums; die Krise des konfessionellen, landesherrlichen Kirchenregimentes ebenso, wie die Anfänge einer neuen evangelischen Kirchlichkeit; eine große Weltoffenheit und der Beginn nationalen Denkens in Deutschland.

Nach einigen Jahren als Hauslehrer und Hofprediger wird Schleiermacher 1804 als Theologieprofessor nach Halle berufen. Er verliert aber 1807 seine Professur an der dortigen Universität, da Napoleon deren Schließung angeordnet hatte. So kehrt Schleiermacher zurück nach Berlin, wo er schon von 1796 bis 1802 als Pfarrer wirkte. 1810 wird er dort zum Mitbegründer der neuen Friedrich-Wilhelms-Universität. Auch Schleiermacher hat, wie viele Gebildete seiner Zeit, große Hoffnungen auf eine geistige und gesellschaftliche Erneuerung durch die Aufklärung gesetzt. Nun aber tritt Napoleon als französischer Kaiser mit dem Anspruch auf, der Aufklärung und der Vernunft den Weg zu bereiten. Er bringt jedoch nicht nur ein neues Gesetzbuch und bürgerliche Freiheiten, sondern auch die politische und militärische Niederlage Deutschlands, sowie eine radikale Umgestaltung der vertrauten politischen Landschaft: Napoleon ordnet die Säkularisierung, d. h. die Enteignung aller kirchlichen Güter an und vertritt eine Politik, die keine Rücksicht auf kirchliche oder konfessionelle Belange mehr nimmt. Das hinterlässt in Deutschland deutliche Spuren und führt zu einer Veränderung der geistigen Landschaft.

So kommt mit Napoleon zwar vieles, was durchaus auch in Deutschland erhofft und gefordert worden war, aber es kommt mit einer solchen Arroganz und Kompromisslosigkeit daher, dass nach Napoleons Niederlage zwangsläufig als Gegenreaktion eine politische und gesellschaftliche Restauration entsteht. Sie ist getragen von der Sehnsucht nach einer Rückkehr zur alten gesellschaftlichen Ordnung, die sich auch in einer Rückwendung zu traditionellen Werten und Anschauungen äußert. Allerdings bleibt vor allem in bürgerlichen Kreisen die Erwartung einer verhaltenen Neuorientierung und des Beginns politisch und gesellschaftlich liberalerer Zeiten erhalten. Außerdem gibt es nach der Niederlage Napoleons 1813/14 und damit dem Ende einer Ära, die sich dem „Kult der Vernunft" verschrieben hatte und christliche Tradition und Kirche schmähte, auch in evangelischen Kreisen starke religiöse Kräfte, die zurück zu einer strengen Bibelgläubigkeit strebt und eine Erweckungsbewegung auslöst.

In dieser Zeit auseinanderstrebender Kräfte zeichnet sich eine Spaltung der Gesellschaft ab: Auf der einen Seite eine „moderne" Strömung, die den christlichen Glauben ablehnt, und auf der anderen Seite die „traditionelle", in der man auch wider alle Vernunft an früheren Zeiten und Lehren festhalten will. Schleiermachers Anliegen als Seelsorger und Theologe ist es, diesem Auseinanderdriften zu wehren. Er hat selbst eine sehr fromme, pietistische Erziehung erfahren, aber auch früh das Rationale und Philosophische, die Aufklärung und die antike Philosophie für sich entdeckt. Er ist auf dem Lande als Lehrer und Pfarrer tätig gewesen, stand aber auch schon früh in Berlin mit Intellektuellen und Politikern in Verbindung.

1768 wird Schleiermacher in Breslau als Sohn eines Militärpredigers geboren, der der Herrnhuter Brüdergemeine Nikolaus Graf von Zinzendorfs sehr nahe steht. Er wird auf den Herrnhuter Schulen in Gnadenfrei, Niesky und Barby erzogen. Von der Frömmigkeit der Herrnhuter distanziert sich Schleiermacher im Streit mit seinem Vater, entschließt sich aber dennoch, oder vielleicht auch gerade weil er sich innerlich mit den theologischen Fragen im Herrnhuter Milieu auseinandergesetzt hat, trotz vieler anderer beruflicher Möglichkeiten, Prediger und Theologe zu werden. Zum Studium geht Schleiermacher nach Halle. Vielleicht war er schon damals von der Absicht getrieben, seiner Zeit Zeuge dafür zu werden, dass man sehr wohl „modern“ und gläubig sein könne und es gerade eine Frage der Vernunft sei, gläubig zu sein.

Dem Studium folgen 1790 Schleiermachers Jahre als Hauslehrer in Westpreußen. Anschließend wird er Hilfsprediger in Landsberg (Warthe), bevor er 1796 als Krankenhausprediger an die Charité nach Berlin kommt. Sehr schnell gelingt es ihm, Eingang in die führenden Kreise der preußischen Kapitale zu finden. Prägend wird sein Umgang mit den Romantikern in Berlin, so etwa Friedrich Schlegel (1722–1829) und Henriette Hertz (1764–1847), die das gesellschaftliche Leben der preußischen Hauptstadt bestimmen. Sie haben Einfluss auf den jungen König Friedrich Wilhelm III. (1797–1840) und seine charmante Frau Luise (1776–1810). Der junge König weckt große Hoffnungen, sowohl an die glorreichen preußischen Traditionen Friedrichs des Großen anzuknüpfen, als auch neuen Gedanken und einer neuen politischen Kultur gegenüber aufgeschlossen zu sein.

Eine kleine Schrift mit großer Wirkung

In diesen ersten Berliner Jahren verfasst Schleiermacher 1799 seine berühmteste Schrift „Über die Religion. Reden an die Gebildeten unter ihren Verächtern“. Schon der Titel verdeutlicht sein Programm: Er will als Prediger und Gelehrter der gesellschaftlichen und geistigen Elite seiner Zeit gute Gründe zum christlichen Glauben liefern. Er will gerade denen, die aus Vernunftgründen meinen, sich vom Glauben abwenden zu müssen, den Rückweg ebnen. Schleiermacher nimmt Abstand von einem christlichen Glauben, der aus Lehrsätzen und moralischen Lebensregeln besteht, nachdem er selbst weder in der pietistischen Fixierung auf die Autorität der Bibel, noch in einer rationalistischen Beschränkung des christlichen Glaubens auf einige moralische Grundsätze eine geistliche Heimat finden konnte. Nach seiner Überzeugung sei jede Form der Religion, die sich selbst absolut setzt, viel zu lange Ursache für Spaltungen und Religionskriege, für kleinkarierte Diskussionen und gegenseitige Verunglimpfungen gewesen. Ganz im Geiste der Romantik fordert er darum, dass nicht länger Denken und Handeln, sondern „Anschauung und Gefühl" die Religion bestimmen sollten.

Schleiermacher trifft den Ton seiner Zeit. Man hört auf ihn, weil er die Religion nicht mit dogmatischen Vorgaben begründet, wie das auch in der evangelischen Theologie über zwei Jahrhunderte üblich gewesen war. Er pocht nicht auf Offenbarungen, die der Mensch zu glauben habe und nicht hinterfragen dürfe. Er löst die Religion aber auch nicht, an allem und jedem zweifelnd, in ein paar praktische ethische Anweisungen auf, wie das die Aufklärung betrieb. Schleiermacher ermutigt vielmehr seine Zeitgenossen, neben der Vernunft und dem Gehorsam, die seiner Ansicht nach durchaus ihren Stellenwert für das menschliche Leben und Gestalten haben, dem Gefühl Raum zu geben, das Gott empfindet und dem Christus glaubwürdig erscheint; ein Gefühl, das sich nach Geborgenheit sehnt und diese Sehnsucht auch zulässt.

Für Schleiermachers Zeitgenossen sind solche Gedanken nach den Zeiten, in denen man sich zwischen dem Gehorsam gegen Dogmen und der Vergötzung der Vernunft zu entscheiden hatte, eine Befreiung. Seine Gedanken geben der Religion einen ureigenen Raum, ohne sich im Konflikt mit Denken und Handeln, mit Moral und Metaphysik aufzureiben. Indem er die Religion zu einem ganz persönlichen Empfinden und Erfahren macht, das sich wesentlich auf die jeweiligen persönlichen Eindrücke und Erfahrungen berufen darf, nicht aber objektive Wahrheit für sich beansprucht, bewahrt er sie vor unfruchtbaren Querelen um historische Tatsachen und Widersprüche. Jeder habe das Recht, seine eigene Anschauung des Kosmos und der wunderbaren Größe der Schöpfung zum Ausgangspunkt und Maßstab seines Glaubens zu machen. Nicht fremde Autorität und längst vergangene Zeiten seien alleinige Quelle der Offenbarung und der religiösen Erkenntnis; vielmehr könne jeder Mensch von seinem Standpunkt aus den Sinn und die Schönheit der Welt erkennen. Er könne fühlen, dass er vom göttlichen Geist bewegt und durchdrungen sei. Jeder Christ solle selbst die Heilige Schrift lesen und sich von ihr zur eigenen Erkenntnis Gottes und des Göttlichen inspirieren lassen.

Diese Betonung der religiösen Erfahrung, die zu jeder Zeit möglich und vorhanden sei, bedeutet auch eine Öffnung hin zum Gespräch zwischen den Konfessionen und sogar zwischen den Religionen. Schleiermachers Religionsbegriff ist sehr breit ausgelegt. Er hebt in seinen Reden „Über die Religion" ausdrücklich hervor, dass „niemand die Religion ganz haben kann; denn der Mensch ist endlich und die Religion ist unendlich". Wer sich um die religiösen Traditionen bemüht – seien es eigene oder die anderer Völker und Kulturen – wird erkennen, „dass all die toten Schlacken einst glühende Ergießungen des inneren Feuers waren, das in allen Religionen mehr oder minder enthalten ist". Religion sei „Sinn und Geschmack für das Unendliche" und zu allen Zeiten und in allen Völkern finde sich etwas davon.

Damit kommt Schleiermacher dem romantischen Lebensgefühl seiner Zeit nahe, das sich am Menschenbild Jean-Jacques Rousseaus (1712–1778) orientiert, das den natürlichen, unverfälschten, nicht von Kultur und Erziehung verformten Menschen idealisiert. Aber damit liefert Schleiermacher auch eine Theologie, die einer veränderten kirchlichen Situation in Deutschland Rechnung trägt. Napoleon hatte ohne Rücksicht auf die konfessionelle Situation neue politische Räume geschaffen. Galt vor Napoleon im Wesentlichen immer noch der Grundsatz, dass der Landesherr die Konfession seines Herrschaftsbereichs verbindlich festlegte, so gibt es nun die von Napoleon geschaffenen neuen Staaten, in denen selbstverständlich mehrere Konfessionen vertreten sind. Die Zugehörigkeit zu einer Konfession sollte nicht mehr über den gesellschaftlichen Stand entscheiden, und die Vertreter der unterschiedlichen Konfessionen sollten sich mit Toleranz begegnen. Schleiermachers Theologie, welche die individuelle Wahrnehmung Gottes in den Vordergrund stellt und nicht die konfessionellen Traditionen betont, ist in dieser Situation hilfreich und wegweisend für ein versöhnliches Miteinander der Menschen.

Schleiermacher hat sich immer ganz bewusst als christlicher und kirchlicher Theologe gesehen. Deshalb behalten bei ihm die Bibel und Jesus Christus trotz aller Offenheit seines Religionsbegriffs eine herausragende Bedeutung. Von Jesus Christus und von der Bibel gehe ein Impuls aus, der unvergleichlich in der Geschichte von Glaube und Religion sei, aber – und darüber ist der

Streit um die Theologie Schleiermachers entbrannt – die Bibel sei „nur" noch das erste Glied in einer langen Reihe von Büchern aus der „Productivität der Kirche", Jesus Christus ist für Schleiermacher der „erhabene Urheber des Herrlichsten ..., was es bis jetzt gibt in der Religion", in ihm finde sich ein einzigartiges Gottesbewusstsein, er sei der „Anfänger eines zur Verbreitung über das ganze menschliche Geschlecht bestimmten neuen Lebens", aber auch nicht mehr, so seine Ausführungen in seinem zweibändigen Werk „Der christliche Glaube nach den Grundsätzen der evangelischen Kirche im Zusammenhange dargestellt" von 1821/22.

Schleiermacher beharrt nicht auf Dogmen, wie dem der Gottessohnschaft Jesu Christi, der alleinigen Erlösung durch den Glauben an ihn oder die alleine Gültigkeit dieser oder jener Form des Abendmahls. In gewisser Weise führt er damit theologische Kernsätze der Reformation konsequent aus, indem er den Glauben und die Religion zur Frage der ganz persönlichen Gewissensentscheidung und der ganz persönlichen Einsicht macht. Er nimmt aber auch Abstand von der reformatorischen Betonung der alleinigen Autorität der Bibel und betont dagegen die Individualität des Glaubens und Erkennens des Göttlichen.

Neuanfang in Berlin

1802 verlässt Schleiermacher Berlin, wohl vor allem auf Grund seiner unerfüllten Liebe zu Eleonore Grunow, der Frau eines Berliner Pfarrers, die ihm ganz im Stil der Romantik zwar zu verstehen gab, dass auch sie eine tiefe Liebe zu ihm empfinde, jedoch an ihrer Ehe festzuhalten gedenke. Schleiermacher geht als Hofprediger nach Stolp, wo er sich vor allem mit der Übersetzung der Werke des griechischen Philosophen Plato beschäftigt. Schon 1804 erhält er eine Professur in Halle. Als, wie schon erwähnt, die Universität Halle von Napoleon geschlossen wird, kommt Schleiermacher 1807 endgültig zurück nach Berlin, zu einer Zeit, da Preußen soeben seine Souveränität durch die militärische Niederlage bei Jena und Auerstädt verloren hatte. Der König musste die Stadt verlassen und suchte Zuflucht in Ostpreußen. Das preußische, deutsche und auch das evangelische Selbstbewusstsein war seither tief getroffen und ein Neuanfang in politischer und militärischer, aber ebenso auch kultureller und kirchlicher Hinsicht unumgänglich.

Schleiermacher gehört zu denen, die nicht nur die Katastrophe der Niederlage gesehen haben, sondern auch die Gunst der Stunde. In einer Zeit, in der Graf von Hardenberg eine „Revolution von oben" propagiert und der Freiherr Karl vom und zum Stein eine Reichsreform in Preußen in Angriff nimmt, gehört auch Friedrich Schleiermacher als Theologe zu denen, die die Zukunft Preußens und Deutschlands mitgestalten wollen. Die Hauptstadt ist voller lohnender Herausforderungen und Aufgaben für ihn. Um Preußen und Deutschland zu neuer Stärke zu führen, bedurfte es nicht nur neuer Ideen und Strukturen für Verwaltung und Heer, sondern es musste auch ein neues Bewusstsein der gemeinsamen Fundamente und Ziele geschaffen werden, einer Geschichte und eines Glaubens, der die Gesellschaft zu einen vermochte. Schleiermacher wird Prediger und Professor, Berater und Vermittler in Berlin.

Er bejaht seine politisch und gesellschaftlich so bewegte Gegenwart und ringt mit seinen Zeitgenossen um politische, pädagogische, kirchliche und universitäre Gestaltung. Philosophie, Politik, Wissenschaft, Kunst, Geselligkeit – er wirkt mit und engagiert sich. Er betreibt Theologie nicht am Rande der Gesellschaft, sondern Kultur prägend im Gestaltungszentrum. Es geht Schleiermacher um das ganze Leben. Er vertritt selbstbewusst die Überzeugung, dass der Staat die Kirche braucht. Und er findet im jungen König Friedrich Wilhelm III und in der damaligen Gesellschaft ein Gegenüber und Gehör. Im Blick auf die erhoffte nationale Einheit engagiert sich Schleiermacher auch für die „Union", den Zusammenschluss der lutherischen und reformierten Kirche in Preußen, die 1817 tatsächlich zustande kommt und in den folgenden Jahren auch in einigen anderen Territorien in Deutschland übernommen wird. Wenigstens auf evangelischer Seite sollte es keine Trennung mehr geben in eine lutherische und eine reformierte Kirche. Die Protestanten sollten unter gemeinsamer Kirchenleitung stehen und alte Lehr- und Strukturunterschiede in dieser neuen Zeit überwinden.

Schleiermachers theologisches Bemühen ist immer auch von dem Anliegen geprägt, der Kirche zu dienen und den Menschen einen Ort zu geben, an dem sie ihren christlichen Glauben leben und vertiefen können; einen Ort der Erbauung und der persönlichen Erfahrung des Unendlichen und Göttlichen. Die Betonung der Individualität des Glaubens und Erkennens verbindet sich bei Schleiermacher immer mit dem Bekenntnis zur Gemeinschaft, zum Eingebundensein in Kirche und Staat, in Gemeinde und Familie.

Schleiermacher will durch seine intellektuellen Beiträge, aber auch durch seine geistlichen Impulse und sein gesellschaftliches Engagement ein „moderner" Mensch sein, ganz auf der Höhe seiner bewegten Zeit – und er war es. Er bewegt sich damit durchaus in der Tradition der evangelischen Theologie der Aufklärung, wie zum Beispiel Gotthold Ephraim Lessing (1729–1781), der durch seine theologischen Schriften einen wichtigen Beitrag zur gesellschaftlichen Diskussion leistete. Anders als in Frankreich, dem Mutterland der Aufklärung, ist die Aufklärung in Deutschland durchaus nicht kirchen- und glaubensfeindlich. In diesem Sinne setzt sich auch Schleiermacher mit aller Kraft und großem Erfolg dagegen ein, dass „das Christentum mit der Barbarei und die Wissenschaft mit dem Unglauben" gehen würde. Er vermag viele seiner Zeitgenossen davon zu überzeugen, dass sowohl Wissenschaft ohne Religion, als auch Religion ohne Wissenschaft bruchstückhaft blieben.

Angriffsfläche bieten

Allerdings lässt sich gerade auch am Denken und Wirken Schleiermachers ablesen, dass die Aktualität der evangelischen Theologie immer auch die große Gefahr in sich birgt, das Evangelium allzu sehr mit der Brille der jeweiligen Zeit zu lesen und sich fremden Gedanken zu unterwerfen. So kann man Schleiermacher mit Recht vorwerfen, er sei ein allzu williges Werkzeug des Zeitgeistes gewesen und seine Theologie sehr zeitbedingt und gefangen in romantischen und idealistischen Vorstellungen. Aber auch die Kritiker der theologischen Gedanken Schleiermachers müssen doch zugestehen, dass er Antworten für viele seiner Zeitgenossen gefunden hat; Antworten, die ihnen das Evangelium wieder zugänglich und erträglich machten.

Eine solche Zeitbezogenheit kann auch in die falsche Richtung führen, wie in der Geschichte der evangelischen Theologie auch immer wieder geschehen ist. Am Ende des preußischen Kaiserreiches bestand sie in einer so gänzlich unkritischen Verbindung von Thron und Altar, von evangelischem Kaiser und evangelischem Glauben, sodass ohne großes Nachdenken ein Krieg gesegnet wurde, der sich zum Ersten Weltkrieg auswuchs. Besonders dramatisch geschah dies auch, als die „Deutschen Christen" den Nationalsozialismus „taufen" wollten und bereit waren, große Teile der Bibel ebenso preiszugeben, wie sie es zuließen, dass der totalitäre Staat sich auch der Kirchenleitung bemächtigte und Grundpositionen christlicher Ethik missachtete.

In der Summe ist es jedoch eine Stärke der evangelischen Theologie und ihre Eigenheit und Qualität, dass sie immer wieder das Wagnis eingeht, sich mit den ganz aktuellen Gedanken auseinanderzusetzen, Vorreiter zu sein und damit Wege zu ebnen, die es Menschen ermöglichen, Denken und Glauben, Wissenschaft und Religion, Staat und Kirche verbinden zu können.

Die evangelische Theologie der Gegenwart

Das gilt im besonderen Maße für die evangelische Theologie der Gegenwart. So war es an den evangelischen Fakultäten in den 1970er-Jahren selbstverständlich, sich mit dem Sozialismus auseinanderzusetzen, Brücken zu schlagen, aber auch Grenzen zu ziehen. Jürgen Moltmanns „Theologie der Hoffnung" (1964) nahm zwar die Anregungen und Stichworte des marxistischen Philosophen Ernst Bloch auf, aber er übersetzte sie in eine packende und durch und durch biblische evangelische Theologie. Gleiches gilt auch für Dorothee Sölle (1929–2003). Sie stellte sich mit ihrer Theologie den berechtigten und bohrenden Fragen des Existenzialismus, vor allem der Frage nach den Bedingungen einer christlichen Theologie nach Ausschwitz. Ihre „Theologie nach dem Tode Gottes" wurde angefeindet und sogar verfemt, vielen aber, die nach

1945 nicht einfach so weiterdenken und weiterglauben konnten wie vorher, und vielen, die in dieser neuen geistigen Epoche überhaupt keinen Zugang zum Christentum mehr fanden, vermochte ihre sprachliche Sensibilität und ihre Neuinterpretation der christlichen Tradition Türen zu öffnen und Wege zum Glauben zu zeigen.

In den 1980er-Jahren war es der Feminismus, dessen Anstöße aufgenommen und übersetzt wurden. Auch wenn die Bewegung vielleicht an manchen Stellen über das Ziel hinausschoss, führte sie doch dazu, dass Frauen in der evangelischen Theologie die gleiche Kompetenz in Glauben und Kirche zugestanden wurde wie den Männern. Keiner wundert sich in evangelischen Gemeinden heute mehr über eine Pfarrerin, Dekanin oder Bischöfin, auch wenn sich die anderen großen christlichen Konfessionen bis heute nicht durchringen können, Frauen Gleiches zuzugestehen. Nur eine Theologie, die auch „nach draußen" hört, die auch die Weisung Gottes vor den Kirchentüren sucht und findet, kann sich darauf einlassen, gänzlich neue Schritte zu wagen und früher Unvorstellbares zu denken und zu sagen, zu prüfen und zu rechtfertigen.

So stehen wir heute in der globalisierten Gesellschaft vor den Herausforderungen, die die ständige Begegnung mit anderen Religionen und Kulturen bedeutet. Die Frage des Verhältnisses zum Glauben anderer Menschen und Kulturen, die zu Zeiten Schleiermachers eher noch ein sehr abstraktes Problem darstellte, ist heute allgegenwärtig. Ob wir in Urlaub fahren oder Geschäftskontakte pflegen, im politischen Alltag und im Kulturbetrieb, überall treffen wir auf Menschen, die in anderen Religionen und mit anderen Göttern groß geworden sind. Die evangelische Theologie sieht sich auch hier als fragend und suchend, immer im Blick auf Bibel und reformatorische Grundsätze, aber nie überheblich in der Meinung, auf alle Fragen schon immer Antworten parat zu haben. Und nur so hat sie ihrer jeweiligen Zeit bis heute Impulse geben können, um nicht ständig nur zu wehren und zu bremsen, sondern um zu verstehen und zu vermitteln, zu öffnen und zu weisen. Die evangelischen Akademien und Deutschen Evangelischen Kirchentage waren in den letzten Jahrzehnten vielfach besonders wichtige Orte dafür, Begegnung und Diskussion über neue Herausforderungen zu realisieren.

Als Theologe wird mir in der Gemeinde immer wieder einmal die Frage gestellt, ob die evangelische Theologie denen, die sich auf sie einließen, nicht den Glauben nehme. Ähnliche Aussagen begegnen mir auch von solchen, die am Theologiestudium gescheitert sind, weil sie der kritischen Fragen und der Zweifel im akademischen Raum nicht Herr wurden. Ich kann solche Fragen durchaus verstehen, und sie sind ernst zu nehmen. Das Studium der evangelischen Theologie ist keine Schule des Glaubens, des Gebets, der Frömmigkeit. Das habe ich auch selbst als problematisch erfahren. Es hat mir persönlich auch gefehlt, dass die Praxis des Glaubens im Studium so wenig Raum hatte. Dennoch möchte ich diese harte Schule nicht missen. Denn sie ist die notwendige Auseinandersetzung mit den Wegen und Irrwegen der Kirchengeschichte, und sie ist vor allem die Verpflichtung, ja die Nötigung, den Glauben im Kontext der eigenen Zeit zu denken und zu verantworten sowie sich den Fragen zu stellen, die die Gesellschaft aktuell umtreiben.

Es ist in unserer säkularisierten Gesellschaft nicht selbstverständlich, dass die Theologie immer noch ihren Platz an den Universitäten hat. In vielen Ländern ist sie längst aus den Universitäten verbannt. Aber es ist ein großes Plus, dass es bei uns anders ist. Ich bin auch überzeugt, dass es der Verdienst der evangelischen Theologie ist und ihrer Zuwendung zu den aktuellen wissenschaftlichen Fragestellungen und manchmal auch ihrer Vorreiterrolle, dass im deutschsprachigen Raum Theologie an der Universität ihren Raum behielt. Nicht anders als Schleiermacher dies in seiner Zeit vorfand und durch sein Wirken bestärkte. Es ist ein großes Plus, wenn Professoren und Studenten der Theologie sich im Wirkungskreis und Einflussbereich anderer Wissenschaften bewegen, denn nur so ist es ab und an auch möglich, dass evangelische Theologen auch zukünftig in gesellschaftspolitischen Fragen Impulse geben.

Evangelische Bilder und Geschichten
Nachwort

Erwartungen an die Kirche

Viele kritische Zeitgenossen haben besonders hohe Erwartungen an die evangelische Kirche. Sie erwarten von ihr eine intelligente, offene und klare Verkündigung und Übersetzung des Evangeliums in unsere Gegenwart. In Zeiten, in denen religiöser Fanatismus und Fundamentalismus menschenfeindlich um sich greifen, erwarten viele, dass die andere Seite der Religion erkennbar und hörbar werde, die den Menschen Freiräume lässt, Weite und Luft zum Atmen. Eine protestantische Tradition, die nicht autoritär und dogmatisch, sondern vielstimmig und in der Freiheit der persönlichen Gewissenentscheidung mit den Fragen des Glaubens und des Lebens umgeht, ist für viele einHoffnungsfaktor.

Sicher gibt es auch die andere Seite und wird sie immer geben: Menschen, die keine Diskussionen wollen, sondern Vorschriften, an die sie sich halten können, und Autoritäten, zu denen sie aufblicken können. Denen haben wir von evangelischer Seite eher wenig zu bieten. Wer aber Vernunft und Glaube, Moderne und Tradition, Engagement und Kritik als sich ergänzende Elemente der Welt- und Lebensgestaltung sieht, ist bei den Protestanten richtig. Dabei darf freilich nicht übersehen werden, dass es anstrengend ist, so Christ zu sein: Wer selbst Verantwortung übernimmt vor Gott und der Welt, wer bereit ist, am Puls der Zeit zu leben und diese zu gestalten, der muss sich auch intensiver auseinandersetzen und mehr Zeit und Energie investieren, um angemessene Antworten zu finden.

Wie der Glaube Leben schafft

Der Satz Schleiermachers, es könne doch nicht sein, dass die Religion mit der Barbarei und die Wissenschaft mit dem Unglauben gehe, hat in den letzten Jahren eine ganz neue Bedeutung gewonnen: Nein, es darf nicht sein, dass Religion mit Barbarei und Terror, und Kultur mit Unglauben und Beliebigkeit assoziiert werden müsen! Es ist an der Zeit, die Menschenfreundlichkeit und Schönheit, die Vernunft und die Sensibilität des Glaubens zu erzählen und damit Wege in eine Zukunft zu finden, in der sich Intelligenz und Offenbarung, Freiheit und Respekt ergänzen. In der Krise, von der so viel die Rede ist, und bei aller berechtigen Skepsis, die es unbedingt braucht, geht es darum, Spuren zu sichern und Perspektiven dessen zu eröffnen, was positiv und beispielhaft ist. Es geht darum, Bilder und Geschichten in Erinnerung zu rufen, die zeigen, wie der Glaube dem Leben aufhilft, sich immer wieder neu entfaltet und nicht nur der Kirche, sondern auch der Gesellschaft Lebensimpulse gibt.

Maßstäbe setzen

Als evangelischer Theologe habe ich in diesem Buch evangelische Impulse ausgeführt, die aus der Vergangenheit hervorleuchten und als Signale auf dem Weg im Weitergehen zu begreifen sind. Ich möchte mit meinem Rückgriff in die evangelische Geschichte nicht nur Geschichten erzählen, die der Rede wert sind, weil sie von außerordentlichen Menschen und ihrem Lebenswerk berichten. Ich möchte mit diesen exemplarischen Berichten aus fünf Jahrhunderten auch Maßstäbe setzen für heutiges und zukünftiges Handeln in Kirche und Gesellschaft.

Wer von Katharina von Bora und Amalie Sieveking erzählt, berichtet auch davon, wie Frauen Geschichte machen und dass ihnen dies auch selbstverständlich zusteht, selbst wenn das in anderen religiösen Traditionen immer noch in Frage gestellt oder geleugnet wird. Wer über Nikolaus Graf von Zinzendorf und Eberhard Müller berichtet, zeigt, wie es gelingen kann, Grenzen

zu überwinden und neue, weite und offene Strukturen zu schaffen, in denen die Gesellschaft zum Guten verändert werden kann – und das ist gerade heute wichtig, da auch im Namen der Religion ausgegrenzt und verteufelt wird. Wer Johann Sebastian Bach und Friedrich Daniel Ernst Schleiermacher beschreibt, der zeigt, wie selbstverständlich Religion und Kunst, Glaube und Kultur, Gefühl und Geist in Eins gehen können und sich Tradition und Moderne, Gottesgeist und Zeitgeist eben nicht gegenseitig ausschließen.
Pfarrhaus und Kirchenmusik, Mission und Diakonie, Akademie und Theologie – all das wurde nicht erst erfunden. Aber die Protagonisten der einzelnen Kapitel haben in ganz besonderer Weise die Strukturen, in denen sie wirkten, genutzt, um ihrem christlichen Glauben Gestalt zu geben, um die vorgefundenen Strukturen mit neuem Leben zu erfüllen.

Ich finde das ermutigend. Alle Kapitel des Buches sind nicht nur ein Beleg dafür, dass sich die Kirche immer wieder erneuern *muss*. Sie sind auch ein Beleg dafür, dass sich die Kirche immer wieder erneuern *kann*. Das Evangelium hat Kraft genug, und die Strukturen der Kirche sind so flexibel, dass Verhärtungen und Engführungen überwunden werden können. Die Kirche wächst, weil sie lebendig ist. Wachstum hat etwas mit der Zunahme an Größe und Volumen zu tun, aber es gibt auch Zeiten, in denen ein lebendiger Organismus in rauen Verhältnissen scheinbar stagniert, sich aber in Wahrheit stabilisiert und dabei widerstandsfähiger wird. Kirche wächst – so oder so, auch heute! Grund genug, guter Dinge dabei zu sein, aus Gebet und Besinnung, sowie in Vertrauen und Zuversicht Hand anzulegen und dabei zu sein.

Die Reformation ist keine Stunde Null

Ich finde es aus evangelischer Perspektive wichtig, sich bewusst zu machen, dass unsere protestantische Tradition nicht mit der Reformation beginnt. Das wird, so hoffe ich, in diesem Buch auch deutlich: Egal ob Diakonie oder Akademie, ob Mission oder Kirchenmusik – die Wurzeln unseres kirchlichen Lebens liegen nicht nur in der biblischen Verkündigung. Sie sind auch in der vorreformatorischen Kirchengeschichte zu suchen und zu finden. Die Geschichte der Kirchen ist die Geschichte aller Kirchen Jesu Christi. Die *eine* Kirche Jesu Christi ist es, die in immer neuen Strukturen lebt und aufersteht. Insofern ist aber auch klar, dass die evangelische Kirche nicht die jüngere, die römisch-katholische oder orthodoxe Kirche die ältere ist. Die evangelischen Kirchen, wie wir besser im Blick auf die unterschiedlichsten protestantischen Kirchenstrukturen sagen sollten, sind ebenso alt wie die katholische oder orthodoxe, weil sie unauflöslich verbunden sind mit dem, was davor, und mit dem, was daneben an Kirche war und ist. Selbstverständlich reicht also auch die Tradition der evangelischen Kirchen zurück bis zur Auferstehung Christi und bis zur Ausgießung des Geistes zu Pfingsten in Jerusalem.

Insofern ist es völlig in Ordnung, dass viele evangelische Kirchen im 19. Jahrhundert bewusst an Stilelemente des Mittelalters und der Frühen Kirche anknüpften. Die Kirche der Reformation steht ganz in der Tradition der vielen Aufbruchs- und Erneuerungsbewegungen, von denen die Kirchengeschichte durchzogen wird. So werden wir also in wenigen Jahren, wenn sich 2017 der 500. Geburtstag der Reformation nähert, nicht die Gründung oder den Geburtstag unserer Kirche feiern, sondern einen Meilenstein der Kirchengeschichte, der zwar auch strukturelle Konsequenzen hatte, aber vor allem eben „Reformation“ war, das heißt, Erneuerung der Kirche Jesu Christi wie sie von den Jüngern und Aposteln Jesu in seinem Auftrag begründet wurde. Und diese Feier wird hoffentlich in Gemeinschaft mit anderen Konfessionen und Religionen begangen werden.

Zeit für die Kirche

Die Zeit ist günstig, die Kirche und gerade auch die evangelische Kirche zum Thema zu machen. Es gibt heute sicher keinen Grund, ein „Jahrhundert der Kirche“ auszurufen, wie es zu Anfang des letzten Jahrhunderts Otto Dibelius, der damalige evangelische Bischof in Berlin getan hat. Aber es wird in der Gesellschaft aufmerksam beobachtet und verfolgt, was die der Kirche gesagt und getan wird. Die Erwartungen an sie sind in der gegenwärtigen Zeit der Kritik an allen Institutionen eher gestiegen. Überhaupt scheint sich allmählich die Erkenntnis durchzusetzen, dass die mitteleuropäische Religionskritik und Glaubensskepsis im Welthorizont gesehen eher ein Randphänomen ist. Deshalb steht heute nicht mehr die Frage nach dem Ende der Religion zur Diskussion, sondern die Frage, wie Religion zum Katalysator einer Weltgesellschaft wird, die Gerechtigkeit, Frieden und die Bewahrung der Schöpfung sucht. Dass die Kirche und ihre Antworten auf die drängenden ethischen und sozialen Probleme gefragt ist, lässt sich allein schon daran ablesen, dass auch große Zeitungen, die das Thema Religion bis vor kurzem ausdrücklich aus ihrem Themenkreis ausgeschlossen hatten, wieder eine entsprechende Rubrik einführen. Offensichtlich steigt das gesellschaftliche Interesse an Religion, sodass ihr Einfluss in der globalisierten Welt nicht mehr übersehen werden kann. Bei uns hat zwar die konfessionelle Bindung der meisten Menschen abgenommen und nimmt wohl auch weiterhin ab. Gleichzeitig aber steigt die Erwartung an die Kirchen und an diejenigen, die für sie einstehen.

Und sie bewegt sich doch!

Wir sind möglicherweise wieder an dem Punkt angelangt, an dem die Kirchengeschichte begann: Eine relativ kleine Gruppe von Menschen, die das Evangelium ernst nehmen und leben, kann Maßstäbe setzen für die ganze Gesellschaft. Und damit sind wir auch wieder bei den „Helden" dieses Buches: Sie setzten Maßstäbe und gaben Impulse – in ihrer Zeit, in ihrem Kontext. Sie inspirieren und ermutigen uns heute, in unserer Zeit und unserem Kontext, dem Glauben Gestalt zu geben und all denen, die die Kirche aufgegeben haben, zu sagen: Und sie bewegt sich doch! Und wir bewegen sie, und sie bewegt uns.

Das Wissen zum Glauben

Traugott Schächtele
Was glauben die, die glauben?
Antworten auf die wichtigsten Fragen – Von Abendmahl bis Zukunft
220 Seiten, Gebunden
ISBN 978-3-7831-8011-4

Das Wichtigste über den christlichen Glauben: kurz, prägnant, am Alltag orientiert und theologisch fundiert. Was bedeutet eigentlich der Glaube an den »dreieinen« Gott, was geschieht bei Abendmahl und Eucharistie, was sagt der Glaube an die Auferstehung, was feiern Christen bei der Taufe, welche Aufgabe haben Pfarrerinnen und Priester, warum braucht es eine Kirche?
Auf diese und andere Fragen gibt Traugott Schächtele Antworten für alle, die nicht nur glauben, sondern auch wissen wollen.

KREUZ

In jeder Buchhandlung oder unter
www.kreuz-verlag.de

Was Menschen bewegt